Joseph Krause

Die Lehre des hl. Bonaventura über die Natur der körperlichen und geistigen Wesen

Und ihr Verhältnis zum Thomismus

Joseph Krause

Die Lehre des hl. Bonaventura über die Natur der körperlichen und geistigen Wesen

Und ihr Verhältnis zum Thomismus

ISBN/EAN: 9783743468672

Hergestellt in Europa, USA, Kanada, Australien, Japan

Cover: Foto ©Thomas Meinert / pixelio.de

Weitere Bücher finden Sie auf **www.hansebooks.com**

Die Lehre des hl. Bonaventura

über die

Natur der körperlichen und geistigen Wesen

und ihr

Verhältnis zum Thomismus.

Von

Dr. Joseph Krause,
ao. Professor der Philosophie am Königl. Lyceum zu Braunsberg.

Paderborn 1888.
Druck und Verlag von Ferdinand Schöningh.
Münster i. W. — Osnabrück.

Vorwort.

Der hl. Bonaventura hat bis jetzt in Deutschland nicht jene Beachtung und Anerkennung gefunden, die ihm gebührt. Er gehört mit zu den grofsen Meistern der mittelalterlichen Wissenschaft und hat für diese Bedeutendes geleistet. Bekannt und berühmt ist er hauptsächlich als Mystiker. Aber auch um die Scholastik hat er sich verdient gemacht und zwar nicht blofs um die rein theologische Seite derselben, sondern auch um die philosophische. Zwar hat er keine philosophischen Schriften verfafst, aber wenn man das, was in dieser Beziehung zerstreut in seinen Werken, namentlich in seinem Kommentar zu den Sentenzen des Lombarden, vorkommt, zusammenstellte, würde man daraus ein vollständiges philosophisches System aufbauen können, das zwar im grofsen und ganzen den scholastischen Geist dokumentierte, im einzelnen aber viele originelle Gedanken aufwiese. Denn der seraphische Lehrer hat sich nicht blofs damit begnügt, das durch die Überlieferung, besonders von seinem Lehrer Alexander von Hales überkommene wissenschaftliche Material zusammenzufügen, sondern er hat dasselbe auch verarbeitet und mit neuen Gedanken befruchtet. So sind auch seine philosophischen Erörterungen der ernstesten Beachtung wert.

Die vorliegende Abhandlung betrifft Fragen, in denen der hl. Bonaventura von der Lehre des Aquinaten vielfach abweicht, die aber auch, weil sie sich auf die Grundprinzipien der Philosophie beziehen, ein helles Licht auf den philosophischen Standpunkt des Heiligen werfen. So wichtig diese Fragen sind, so schwierig sind sie auch. Die Schwierigkeit wurde im vorliegenden' Falle noch dadurch erhöht, dafs bei der gedrängten Darstellungsweise des Heiligen manche Stellen seines Kommentars sehr schwer zu deuten sind. Freilich wurde uns die Arbeit dadurch erleichtert, dafs uns wenigstens zum gröfsten Teile eine vortreffliche Ausgabe von Bonaventuras Werken zu gebote stand, die allen Anforderungen der wissenschaftlichen Kritik im vollsten Mafse genügt. Sie erscheint zu Quaracchi bei Florenz und wird von Ordensgenossen des seraphischen Lehrers besorgt. Bis jetzt liegen drei Bände vor, welche den Kommentar des Heiligen zu den ersten drei Büchern der Sentenzen des Lombarden umfassen. Den einzelnen Quästionen sind meistens Scholien beigegeben, die in hohem Mafse geeignet sind, über einzelne schwierige Punkte Licht und Klarheit zu verbreiten. Unserer Ansicht nach ist diese Ausgabe besser redigiert, als die neue Thomasausgabe, welche in Rom erscheint. — Vielleicht trägt diese korrekte Ausgabe von Bonaventuras Werken auch dazu bei, dafs man sich mehr mit dem Autor beschäftigt. Gewifs könnte daraus die scholastische Wissenschaft manche Bereicherung erfahren. So hat auch Papst Leo XIII. in unzweideutiger Weise den hl. Bonaventura dem hl. Thomas wenigstens als Ergänzung an die Seite gestellt.

Braunsberg, im Mai 1888.

Der Verfasser.

Inhalt.

	Seite
Vorwort	III
Einleitung	1

I. Kapitel.
Natur der kreatürlichen Wesen im allgemeinen und der körperlichen insbesondere.

I. Die Wesensprinzipien . .	6
1. Materie.	
a) Begriff und Einteilung der Materie .	6
b) Eigentümlichkeiten der Materie .	7
c) Erkennbarkeit der Materie	11
2. Form.	
a) Begriff und verschiedene Bedeutung von Form .	14
b) Nähere Bestimmungen der Form - .	15
3. Verhältnis von Materie und Form . . .	16
II. Entstehen und Vergehen der körperlichen Wesen.	
1. Allgemeines . . .	18
2. Rationes seminales . . .	21
3. Erschaffung der Naturwesen	38
4. Pluralität der Formen in gemischten Körpern	41

II. Kapitel.
Natur der menschlichen Seele.

I. Wesenheit der menschlichen Seele . .	51
II. Vereinigung der Seele mit dem Leibe .	59

III. Kapitel.
Natur der reinen Geister .

70

IV. Kapitel.
Das Prinzip der Individuation

	77
Schluſs	88

Einleitung.

1. Was ist das Wesen des Körpers? Diese Frage ist eine der wichtigsten in der ganzen Naturphilosophie, und sie wird von den Vertretern derselben verschieden beantwortet. Es lassen sich aber in dieser Beziehung von alters her bis in die neueste Zeit zwei entgegengesetzte Grundströmungen unterscheiden. Die Anhänger der einen lassen alle Naturdinge aus elementaren Stoffen zusammengesetzt sein und suchen die Beschaffenheit der Dinge, ihre Wirkungen und Veränderungen aus der mannigfachen Verbindung jener Stoffe zu erklären. Diese Verbindung soll durch blofs mechanische Bewegung der stofflichen Elemente zustande kommen. Nach dieser Ansicht beruht die Verschiedenheit der Naturwesen auf der mannigfachen Gestaltung des Stoffes, auf der verschiedenartigen Lagerung seiner Elemente. Man pflegt diese Naturerklärung die mechanische zu nennen und die ihr entgegengesetzte die dynamische. Letztere löst die ganze Substanz der Körper in Kräfte auf und macht die Ausdehnung, ja alles Stoffliche zur Erscheinung oder Wirkung dieser Kräfte.

2. Der Mechanismus tritt ebenso wie der Dynamismus in verschiedenen Formen auf, je nachdem er nichts anderes als die Materie und ihre Bewegung oder auch Kräfte oder endlich auch eine Art von Zweckmäfsigkeit zuläfst. Den Dynamismus kann man unterscheiden in den gewöhnlichen, welcher die mannigfaltigen Erscheinungen der Naturwesen einfach auf Kräfte zurückführt, und in den psychischen, welcher in jedem Naturwesen Intelligenz oder wenigstens Empfindung zu entdecken glaubt. Die Vertreter der ersten Richtung sind Leibnitz und Kant, die der zweiten Schopenhauer und E. von Hartmann. Weder der Mechanismus noch der Dynamismus ist imstande, eine befriedi-

gende Erklärung des körperlichen Wesens zu geben. Um nur eines anzuführen: Wie will die mechanische Theorie die Seelensubstanz und die Vorgänge in ihr, ja überhaupt das Leben durch mechanische Bewegung erklären? Die »Bewegungen« der psychischen Sphäre gehen nach ganz andern Gesetzen vor sich als die mechanischen. Und ist nach der Ansicht der Dynamiker das Wesen des Körpers pure Dehn- und Anziehungskraft, dann ist es um die Realität der Masse und der Ausdehnung geschehen. Oder wie kann ein Aggregat von unausgedehnten gewichtslosen Kraftsubstanzen die Erscheinung einer ausgedehnten Masse haben? Man mag die Teilung einer ausgedehnten Masse noch so weit fortsetzen, niemals wird man bei schlechthin unausgedehnten Teilchen anlangen. Und ferner, mit welchem Rechte schreibt man allen Naturwesen Leben und Empfindung, ja wohl gar Intelligenz zu? In der anorganischen Natur findet sich keine Spur von Leben, von Erkenntnis oder Begehren. Der Unterschied zwischen anorganischer und organischer Natur, der sich auch der oberflächlichen Beobachtung aufdrängt, fiele weg, wenn die ganze Natur beseelt wäre. Also beide Theorieen können das Problem bezüglich des Wesens der Körper nicht lösen; eine jede verfolgt eine einseitige Richtung. Es kommt daher darauf an, zwischen beiden eine Vermittelung zu finden. Eine solche soll der dynamische Atomismus sein, welcher der neuesten Zeit angehört und auch unter den christlichen Philosophen seine Vertreter hat.[1])

3. Der dynamische Atomismus huldigt im ganzen der mechanischen Naturauffassung, doch macht sich auch zugleich mehr oder weniger die dynamische Betrachtungsweise geltend. Die Anhänger dieser Theorie legen ihrer philosophischen Körperlehre meistens den naturwissenschaftlichen Atomismus zu Grunde. Dieser läfst die Körper aus relativ kleinsten, qualitativ verschiedenen, mit eigentümlichen Kräften ausgestatteten Körperchen zusammengesetzt sein, das sind die Atome, welche zunächst Anziehungs- und Widerstandskraft äufsern. Auch wohnt ihnen eine chemische Kraft inne, durch die sie mehr oder weniger geeignet sind, untereinander verbunden zu werden. Der Körper ist nach

---

[1]) Vgl. Pesch, die grofsen Welträtsel. Freiburg 1884. I. Bd. S. 317 ff. und Kleutgen, die Philosophie der Vorzeit. II. Bd. S. 259 ff.

dieser Darstellung nichts anderes als ein Aggregat von vielen Substanzen.

4. Der dynamische Atomismus ist wohl geeignet, manche Erscheinungen der Körperwelt auf genügende Weise zu erklären; auch ist die Möglichkeit einer mannigfaltigen Zusammensetzung durch die qualitative Verschiedenheit der Stoffe und die Kräfte, die man ihnen beilegt, gegeben. Allein aus den chemischen und physikalischen Kräften, die im Stoffe seiner Natur zufolge wirken, und aus der äufsern nach allgemeinen Gesetzen erfolgenden Bewegung läfst sich die Bildung namentlich der organischen Körper nicht begreifen. Dazu ist eine andere Kraft erforderlich, die jene Kräfte beherrscht und sich dienstbar macht, die mit Hilfe derselben den Stoff nach bestimmten Zwecken und Ideen plastisch gestaltet.

5. Auch kann der Atomismus nicht die Ausdehnung und Teilbarkeit der Körper klar machen. Er nimmt freilich eine wahre und wirkliche Ausdehnung an; aber wird nach der Begründung gefragt, so antwortet er, dafs man nicht weiter fragen könne, weil eben darin die Körperlichkeit selbst bestehe, im Raum ausgedehnt zu sein. Ähnlich verhält es sich mit der Teilbarkeit. Es steht fest, dafs jeder Körper ins unendliche teilbar ist; die Atomenlehre nimmt aber unteilbare Atome an, obgleich sie diese als kleine Körperchen erklärt und ihnen Ausdehnung zuschreibt. Warum sind nicht auch diese Körperchen noch weiter teilbar? Auf diese Frage giebt der Atomismus keine befriedigende Antwort. Er kann auch andere Eigenschaften der Körper nicht ausreichend erklären, weswegen diese Hypothese (denn mehr als eine Hypothese ist der Atomismus nicht) gerade in neuester Zeit auf vielfachen Widerspruch stöfst. So gestehen besonders Harms,[1]) Du Bois Reymond,[2]) von Bär[3]) u. a. dem Atomismus nur relativen Wert zu. Ersterer hat sogar die Haltlosigkeit desselben vom naturwissenschaftlichen Standpunkte aus auf das klarste nachgewiesen.[4])

---

[1]) Allgemeine Encyklopädie der Physik und Chemie. Leipzig 1869. I. Bd. philosophische Einleitung und S. 320.

[2]) Die Grenzen des Naturerkennens. 6. Aufl. Leipzig 1884. S. 20 und 21.

[3]) Studien aus dem Gebiete der Naturwissenschaften. St. Petersburg 1876. S. 254, Anmerk.

[4]) Vgl. Pesch, a. a. O. I. Bd. S. 551 ff.

6. Auf dem philosophischen Gebiete hat die Atomistik gar keine Bedeutung; sie kann auf die Grundfrage der Naturphilosophie nach dem Wesen des Körpers keine Antwort geben. Oder ist das eine philosophische Lösung, wenn sie die Körper auf Körperchen (Atome) zurückführt? Gerade in diesen stofflichen Elementen soll das substantielle Sein aller Naturwesen zu suchen sein; dann bilden aber diese selbst keine einheitlichen Substanzen, sie sind nur Summen von Substanzen, ihre Einheit ist nur eine accidentelle. Dann giebt es auch keine substantielle Verschiedenheit der Naturwesen, und wenn das nicht, auch keine substantielle Veränderung. In allen Umwandlungen der Körper bleibt ihre Substanz, nämlich der Stoff, unverändert derselbe, nur seine Erscheinung wird in der neuen Verbindung eine andere.

7. Aus diesen wenigen Punkten, die wir noch um viele vermehren könnten, ergiebt sich, dafs die Atomistik nicht ausreicht, um uns über das Wesen der Körper hinlänglich aufzuklären; ja sie setzt die Materie, d. h. die ausgedehnte Masse, schon voraus. Wo finden wir nun diese nötige Aufklärung? In der Lehre von Materie und Form, wie sie uns in der antiken, besonders aber in der mittelalterlichen Philosophie entgegentritt. Diese Lehre ist frei von der Einseitigkeit des Mechanismus und Dynamismus und ist so die rechte Vermittelung zwischen beiden; sie ist in gewissem Sinne auch eine Ergänzung und prinzipielle Begründung der Atomistik. Daher ihre grofse Bedeutung für die gegenwärtige Zeit, in der gerade naturphilosophische Fragen mit grofsem Eifer erörtert werden, aber nicht immer mit der nötigen Ruhe und Objektivität. Für die alte Naturphilosophie ist sie gerade die Fundamentallehre, indem sie, wie Eucken mit Recht bemerkt,[1]) die peripatetische Weltanschauung zum Ausdruck bringt. Mit der Lehre von Materie und Form steht und fällt nicht blofs die Naturphilosophie der Scholastik, sondern auch ihr ganzes wissenschaftliches System.[2]) Daher ist es erklärlich, dafs gerade in dieser

---

[1]) Methode der aristotelischen Forschung in ihrem Zusammenhange mit den philosophischen Grundprinzipien des Aristoteles. Berlin 1872. S. 182.

[2]) Vgl. Schneid, die scholastische Lehre von Materie und Form und ihre Harmonie mit den Thatsachen der Naturwissenschaft. Eichstätt 1877. S. 164 ff.

Lehre unter den Vertretern der Scholastik die gröfste Übereinstimmung herrscht, wenigstens in allen wesentlichen Punkten. Auch der hl. Bonaventura bekennt sich zu ihr, wenn er auch in der speziellen Anwendung derselben auf die einzelnen Arten der geschaffenen Wesen vielfach vom hl. Thomas von Aquin abweicht.[1]

8. Indem wir es nun unternehmen, die Ansicht des seraphischen Lehrers über Materie und Form und, was damit zusammenhängt, über die Natur der körperlichen und geistigen Wesen aus den Quellen zur Darstellung zu bringen, glauben wir damit auch einen Beitrag zur Geschichte der mittelalterlichen Philosophie zu liefern, da wir gerade hieraus den philosophischen Standpunkt Bonaventuras, der genau der scholastische ist, sehr deutlich erkennen können. Freilich behandelt der Heilige die angeregte Frage nicht expresse, sondern er berührt sie nur gelegentlich an verschiedenen Stellen seines Kommentars zum Lombarden. Doch läfst sich aus diesen Stellen genugsam erkennen, wie er über die konstitutiven Prinzipien der körperlichen und geistigen Wesen gedacht hat.

[1]) Die Litteratur über Bonaventura aus der neuesten Zeit ist nicht umfangreich, wenigstens nicht in Deutschland. Seine Lehre von der Gotteserkenntnis, welche die Ontologisten vielfach in ihrem Sinne deuten, behandelt ein vortrefflicher Aufsatz im »Katholik«, Jahrgang 1870 (»Die Lehre des heil. Bonaventura in betreff des Ontologismus«), welcher wohl von dem bekannten Franziskanerpater Jeiler herrühren dürfte. Von der Gotteserkenntnis handelt auch unsere Dissertation, die den Titel führt: S. Bonaventurae de origine et via cognitionis intellectualis doctrina ab ontologismi nota defensa. Monasterii 1868. — »Die Psychologie und Erkenntnislehre des Johannes Bonaventura« hat Professor Dr. Karl Werner bearbeitet. Wien 1876. — Einen Überblick über die gesamte Philosophie des Heiligen giebt, ohne gerade alle Punkte zu berühren, P. Marcellino da Civezza M. O. in seinem Werke: Della vera filosofia e delle dottrine filosofiche del serafico dottor s. Bonaventura. Genova 1874. Der Verfasser geht über die einzelnen philosophischen Probleme sehr leicht hinweg; von einer Beurteilung derselben ist nicht die Rede. Seine Darstellungsweise ist mehr rhetorisch als philosophisch.

I. Kapitel.

Natur der kreatürlichen Wesen im allgemeinen und der körperlichen insbesondere.

I. Die Wesensprinzipien.

§ 1.

Die Scholastik leitet nach dem Vorgange des Aristoteles[1]) die beiden Wesensprinzipien Materie und Form aus dem Prozeſs des Werdens der Dinge ab. Dieser Prozeſs läſst sich nicht anders erklären als durch ein doppeltes Prinzip, ein **passives, bleibendes**, welches Subjekt für das Werden ist ($ὕλη$, materia), und ein **aktives, bestimmendes**, wodurch das Ding wird ($μορφή$, forma). So bilden also Materie und Form die Prinzipien, die innern Ursachen, welche das (körperliche) Wesen als solches konstituieren.

1. Materie.

§ 2.

a) Einteilung der Materie.

Der hl. Thomas von Aquin unterscheidet eine doppelte Materie: materia *prima* und *secunda*. Die materia prima ist eine Realität, die an sich bestimmungslos und des Daseins unfähig ist, die daher einer Form bedarf, um durch sie zu existieren und zum Körper zu werden. Unter materia secunda ist der formierte und bestimmte Körper selber zu verstehen, inwiefern er Subjekt für accidentelle Bestimmungen ist.[2]) Dieselbe Unterscheidung macht

---

[1]) Vgl. v. Hertling, Materie und Form und die Definition der Seele bei Aristoteles. Bonn 1871. S. 11 ff.
[2]) Quaest. de spirit. creat. a. 1.

auch der hl. Bonaventura, nur gebraucht er andere Namen; die materia prima bezeichnet er als materia secundum *essentiam* sive *secundum se* und die materia secunda als materia *secundum esse* sive *substantiam*.[1]) Die letztere teilt er wieder ein in eine geistige und eine körperliche; diese umfafst die unvergänglichen Himmelskörper und die vergänglichen sublunarischen Körper, jene die menschliche Seele und die reinen Geister.[2]) In letzterer Beziehung unterscheidet sich Bonaventuras Lehre wesentlich von der des Aquinaten, der den Begriff Materie auf die Körper allein beschränkt,[3]) ist aber von der Franziskanerschule, zunächst von Duns Scotus adoptiert, der sie seinerseits auf Avicebron (Ibn Gabirol) zurückführt.[4])

§ 3.
b) Eigentümlichkeiten der Materie.

1. Die materia prima ist die reine Potenz; sie schliefst keinen Akt ein und entbehrt jeder Form und Bestimmtheit.[5]) Sie ist aber nicht ein reines Gedankending, sie ist etwas Reales, in gewissem Sinne ein Seiendes, aber das unvollkommenste Sein.[6]) Sie ist also auch nicht ein absolutes Nichts. Als potentielles Sein

---

[1]) Vgl. II S. d. 12. a. 1. q. 1 und d. 30. a. 3. q. 1. — Aristoteles unterscheidet die absolut erste von der beziehungsweise ersten Materie: ἡ πρὸς αὐτὸ πρώτη ἢ ἡ ὅλως πρώτη (ὕλη). Metaph. Δ 4. 1015 a 8.
[2]) Vgl. II S. d. 3. p. I. a. 1. q. 2 und 3.
[3]) Vgl. C. Gent. II c. 54.
[4]) Ego autem ad positionem Avicembronis redeo et primam partem, sc. quod in omnibus creatis per se subsistentibus tam corporalibus tam spiritualibus sit materia. De rer. princ. q. 8. n. 24. Vgl. Schneid, die Körperlehre des Johannes Duns Scotus und ihr Verhältnis zum Thomismus und Atomismus. Mainz 1879. S. 3.
[5]) Materia omnino est *ens in potentia*, ideo per sui essentiam nullum habet actum, nullam formam, ergo nullam distinctionem. II S. d. 3. p. I. a. 1. q. 3. — Materia rerum est possibile purum per sui essentiam. II S. d. 1. p. I. a. 1. q. 1. Vgl. I S. d. 19. p. II. q. 3. — Aristoteles definiert die materia prima (πρώτη ὕλη) folgendermafsen: λέγω δ' ὕλην, ἣ καθ' αὑτὴν μήτε τὶ μήτε ποσὸν μήτε ἄλλο μηδὲν λέγεται, οἷς ὥρισται τὸ ὄν. Metaph. Z 3. 1029 a. Er will damit sagen, die Materie sei weder eine Substanz (μήτε τί) noch eine Quantität oder Qualität oder ein anderes Accidens, wodurch die Substanz bestimmt wird, sondern sie sei in Potenz zur Substanz.
[6]) Materia inter omnia entia est *imperfectissimum*, prope nihil est. Materia sonat omnino in *imperfectionem*. I S. d. 19. p. II. q. 3.

nimmt sie eine mittlere Stelle zwischen dem Nichts und dem aktuellen Sein, doch ist sie nicht der Zeit, sondern nur der Natur nach früher als das aktuelle Sein.[1)]

2. Die materia prima ist eine inkomplete Substanz und deshalb kann sie nicht für sich existieren, sondern bedarf zu ihrer Existenz der Form[2]); aber sie ist das Fundament des Seins und der Existenz.[3]) Wenn nun auch die Materie in ihrem Sein ganz von der Form abhängt, so dafs es zu ihrem Wesen gehört, mit einer Form verbunden zu sein, könnte sie nicht vielleicht doch durch göttliche Allmacht als formlose existieren? Das ist eine Frage, die von den mittelalterlichen Philosophen vielfach aufgeworfen und besprochen wird. Der hl. Thomas antwortet mit »nein«.[4]) Derselben Ansicht scheint auch Bonaventura zu sein, wenn er erklärt: »Deus nunquam creat materiam praeter formam aliquam«.[5]) Und warum schafft Gott keine Materie ohne Form? »Impossibile est«, erwidert der Heilige, »materiam informem existere per privationem omnis formae«.[6]) Gott kann also nicht eine formlose Materie schaffen, weil eine solche dem Begriff von Materie widersprechen, also etwas Widersinniges enthalten würde.

3. Die materia prima ist einfach und läfst als solche keine Teilung zu, wie Bonaventura ausdrücklich bemerkt: »Materia abstracta ab omni forma est ita simplex, ut punctus, ergo nullam partibilitatem habet«.[7]) Denn realiter geteilt kann nur werden, was wirklich ist und ein bestimmtes Sein hat, die materia prima ist weder das eine noch das andere. Die Einfachheit der Materie ist keine metaphysische; die Materie ist vielmehr nur insofern einfach zu nennen, als sie keine Ausdehnung hat und deshalb jede Teilung ausschliefst.[8])

[1)] Quamvis ens in potentia simpliciter (i. e. materia) inter non-ens et ens actu sit medium, non oportet, quod duratione sequatur unum et praecedat alterum. II S. d. 12. a. 1. q. 1.
[2)] Materia dicit principium passivum et ita incompletum. I S. d. 19. p. II. q. 3. Vgl. II S. d. 3. p. I. q. 3: Materia incompleta est de se.
[3)] Materia est fundamentum existentiae. a. a. O.
[4)] II S. d. 12. q. 2. n. 3. — [5)] II S. d. 13. a. 3. q. 1.
[6)] II S. d. 12. a. 1. q. 1. — [7)] II S. d. 3. p. I. a. 1. q. 2.
[8)] Materia abstracta ab omni forma simplex est, non tamen habet actualem simplicitatem, ut punctus, sed est simplex, quia caret actuali extensione, habet tamen possibilitatem ad illam. II S. d. 3. p. I. a. 1. q. 2.

4. Der Materie kommt die Unendlichkeit zu, nicht die aktuelle, d. h. jene, die jede Schranke und jede Grenze positiv und direkt ausschliefst (diese ist nur dem göttlichen Sein eigen), sondern die potentielle, d. h. jene, die Grenze und Schranke zuläfst, in der aber augenblicklich keine solche vorhanden ist. Die Materie kann also als unendliche bezeichnet werden, weil sie ins endlose vergröfsert gedacht werden kann, und weil sie geeignet ist, unendlich viele Formen in sich aufzunehmen. Auch insofern schliefst sie jede Schranke und Grenze aus, als sie jeder Bestimmtheit entbehrt.[1])

5. Die Materie ist unvergänglich, das aber nur im negativen Sinne, weil bei ihr von keiner Entstehung, keinem Werden die Rede sein kann. Das Werden der Dinge setzt nämlich die Materie schon voraus, denn sie entstehen eben aus der Materie; diese bildet das Substrat der Generation und Korruption, natürlich nur für jene Dinge, die der Generation und Korruption unterliegen. Da sie nun allem Sein und Werden zu Grunde liegt und nicht untergeht, während die Formen wechseln, entstehen und vergehen, so kann man sagen, dafs sie den Dingen Dasein und Bestand verleiht.[2]) Wenn alles aus ihr entsteht, dann kann sie selbst nicht aus etwas anderm geworden, sie kann nur von Gott geschaffen sein.[3])

6. Der Materie kann die Einheit beigelegt werden, und zwar in verschiedenem Sinne:

---

[1]) Quia (materia) est ens omnino in potentia, adeo de se est infinita et ad formas infinitas, sed Deus, quia infinitus est, ubique unus est sua infinitate, quae venit ex actualitatis summae perfectione: sic et materia, quia infinita in omnibus materiatis est una propter infinitatem ejus, quae venit ex summae possibilitatis imperfectione. II S. d. 3. p. I. a. 1. q. 3. — Dicendum quod est infinitas ex defectu perfectionis, et haec competit materiae. I S. d. 19. p. II. q. 3. — Vgl. I S. d. 35. q. 5.

[2]) Materia in his inferioribus dat existentiam et permanentiam propter sui incorruptionem, unde fundamentum est existentiae creatae. I S. d. 19. p. II. q. 3. — Metaphysicus considerat naturam omnis creaturae et maxime substantiae per se entis, in qua est considerare et actum essendi et hunc dat forma, et stabilitatem per se existendi et hanc dat et praestat illud, cui innititur forma, hoc est materia. II S. d. 3. p. I. a. 1. q. 2.

[3]) Materia non est ab alio, quia est principium, ex quo fiunt cetera, nec habet, unde fiat. II S. d. 1. p. I. a. 1. q. 1. — Materia est ex nihilo et hoc per creationem. a. a. O.

a) Sie ist eine, weil sie als reine Potenz und daher ohne alle Bestimmtheit jede Unterscheidung und also auch jede Vielheit von sich ausschliefst.[1])

b) Da die Einheit dem Sein folgt, und da die Materie kein komplettes Sein hat, sondern nur in gewisser Hinsicht ein Sein, ein inkomplettes Sein, so ist auch ihre Einheit eine inkomplete, die in alle Arten des Seins übergehen kann. Sie ist eine solche der Anlage nach; sie kann durch das Hinzutreten der Form zum kompleten und zwar zugleich zum individuellen Sein werden. Dadurch wird die Materie auch Prinzip der Verschiedenheit und der Menge —, doch alles mit Rücksicht auf die Form, die sie empfangen kann.[2])

c) Die Einheit der Materie ist die der Homogeneität, weil sie an und für sich betrachtet in allen Wesen ein und dieselbe ist, alle in sich befafst und von allen in gleicher Weise ausgesagt werden kann, wie auch das Gold, aus dem mehrere Gefäfse gefertigt, in diesen Gefäfsen ein und dasselbe ist.[3]) Da die Materie als homogene das gemeinsame Substrat aller Wesen bildet, so ist sie indifferent für die verschiedensten Formen. Aber durch die Verbindung mit diesen erhält sie ihre Bestimmtheit und wird zur materia secundum *esse* (materia secunda); als solche ist sie eine verschiedene, eine andere in den körperlichen, eine andere in den geistigen Substanzen.[4])

[1]) Quia materia omnino est ens in potentia, ideo per suam essentiam nullum habet actum, nullam formam, ergo nullam distinctionem; si nullam distinctionem habet et non est nihil, oportet ergo, quod sit una sine multitudine et ita numero una. II S. d. 3. p. I. a. 1. q. 3.

[2]) Sicut materia incompleta est de se, ita unitatem secundum se habet incompletam, possibilem tamen quantum ad esse compleri per formam, cujus adventu constituitur individuum numero unum unitate actuali et completa, in cujus etiam adventu fit distinctio et surgit in rebus multitudo. II S. d. 3. p. I. a. 1. q. 3.

[3]) Quia materia est ens in potentia, unitas ejus non potest esse unitas individuationis, sed si habet unitatem, unitatem *homogeneitatis* habet. Haec autem unitas simul manet in diversis, sicut patet, si de eodem auro fiant multa vasa, illa sunt de eodem auro per homogeneitatem. II S. d. 3. p. I. a. 1. q. 3.

[4]) Materia in se considerata nec est spiritualis nec corporalis; et ideo capacitas consequens essentiam materiae indifferenter se habet ad formam sive

d) Die Materie fällt weder unter den Begriff des genus noch unter den der species; sie steht über beiden, sie ist noch allgemeiner als das höchste genus. Deshalb gehört sie auch keiner Kategorie an. Wegen dieser Allgemeinheit kann sie als eine bezeichnet werden, insofern es aufser ihr keine andere Materie giebt; sie ist in dieser Beziehung eine der Zahl nach. Zahl ist hier aber nicht im eigentlichen Sinne zu nehmen, diese kann nicht ohne Bestimmtheit sein und kommt nur dem Individuum zu; die Individualität wird aber der Materie durchaus abgesprochen. Als etwas Allgemeines und Unbestimmtes ist die Materie zugleich eine.[1])

7. Der Materie wohnt ein Trieb (appetitus) inne, sich mit der Form zu verbinden. Dieser naturgemäfse Trieb zu einer bestimmten Seins- und Wesensform ist sachlich von dem Wesen der Materie nicht verschieden. Denn die Materie als solche ist reale Anlage oder Möglichkeit für die Aufnahme einer Wesensform.[2])

§ 4.
c) Die Erkennbarkeit der Materie.

1. Da die materia prima eine reine Potenz ist, so kann sie auch nicht direkt, sondern nur indirekt und zwar entweder durch Privation oder durch Analogie erkannt werden. Durch Privation ist sie erkennbar, insofern man alle Form hinwegdenkt und das, was dann noch zurückbleibt, für sich allein denkt. Durch Analogie dagegen ist sie erkennbar, insofern man sie als die

spiritualem sive corporalem; materia consequens esse in spiritualibus et corporalibus est alia et alia. II S. d. 3. p. I. a. 1. q. 2.

[1]) Materia, quia ens omnino in potentia, ideo nec genus nec species esse potest, quae dicunt aliquo modo actum, et ideo non potest esse communis eis, quibus est communis, unitate universalitatis vel univocationis; ergo nec genere nec specie est una, et tamen nihilominus est una, et ita est *una numero*. Materiae unitas adeo ampla est, ut sustineat receptionem majoris multitudinis diversitatis formarum superadjectarum, quam unitas formae alicujus universalis etiam generis generalissimi, et hoc est propter summam possibilitatem. Unde dicitur una numero, quia una est sine numero. II S. d. 3. p. I. a. 1. q. 3.

[2]) Forma non unitur materiae nisi mediante appetitu; appetitus autem habet ortum ab essentia. 1 S. d. 37. p. I. a. 3. q. 1.

Möglichkeit, als die Potenz zu einer bestimmten Form denkt.[1])
Ähnlich der Aquinate.[2])

2. Die privative Erkenntnis entbehrt der nötigen Bestimmtheit, und deshalb ist es sehr schwierig, sich einen eigentlichen Begriff von der Materie zu bilden; wir können früher sagen, was sie nicht ist, als was sie ist. Um den Begriff von Materie zu gewinnen, müssen wir nicht blofs von den einzelnen Dingen, sondern auch von der Form überhaupt absehen; und doch ist es gerade die Form, die uns das Wesen eines Dinges erkennen läfst, also eine bestimmte Erkenntnis vermittelt. Wenn wir eine formlose Materie denken wollen, so stellen wir uns gewöhnlich in der Phantasie eine unförmliche vor, eine solche, die ohne bestimmte Form ist. Über dieses unbestimmte Phantasiebild kommen wir im Denken nicht leicht hinaus; und doch hat dasselbe nichts mit dem Begriff der Materie gemein. Dieser schliefst nicht blofs die bestimmte, sondern jede Form von sich aus. Solange wir uns die Materie als eine ausgedehnte Masse vorstellen, sind wir von dem eigentlichen Begriff derselben weit entfernt.[3]) Also bleibt unsere Erkenntnis der Materie immerhin eine sehr unvollkommne und dunkle. Deshalb vergleicht auch der hl. Bonaventura die Materie selbst mit der Finsternis.[4])

---

[1]) Materia dupliciter est scibilis, scilicet per *privationem* et *per analogiam*. Cognitio per privationem est prius removendo formam, deinde disponens ad formam et considerando ipsam essentiam nudam in se quasi tenebram intelligibilem. Cognitio autem per analogiam est per consimilem habitudinem; habitudo autem materiae est per potentiam, et ita haec cognitio est per comparationem materiae ad formam mediante potentia. II S. d. 3. p. I a. 1. q. 2.

[2]) Vgl. opusc. de princ. nat. 31. — Schon Plato lehrte, die Materie könne nur durch eine Art von uneigentlichem Vernunftschlufs erkannt werden (Tim. p. 52 B.); Aristoteles, durch einen Analogieschlufs.

[3]) Si quis vult unitatem materiae intelligere, oportet ab unitate individuali animam abstrahere et super actum imaginationis conscendere et omnino ens in potentia per privationem cogitare, et sic poterit aliqualiter capere. Quamdiu enim materia ut moles extensa cogitatur, ad unitatem essentiae consideratam nullo modo pertingitur. II S. d. 3. p. I. a. 1. q. 3.

[4]) Cognitio per privationem est considerando ipsam essentiam nudam in se quasi *tenebram* intelligibilem. A. a. O. q. 2. — Der hl. Augustinus schildert selbst in seinen Confessiones (XII c. 6) in recht anschaulicher Weise, wie mühevoll es für ihn gewesen sei, die materia prima begrifflich zu erfassen. Er habe bei diesem Worte nicht sowohl an etwas gedacht, das ohne Form,

3. Selbstverständlich wird die materia prima auch von Gott erkannt, aber es kommt darauf an, in welcher Weise: ob direkt durch eine eigene Idee oder indirekt nach Weise der menschlichen Erkenntnis. Wir können in der Materie, sagt der doctor seraphicus, ein doppeltes Moment unterscheiden: das privative, insofern die Materie der Form ermangelt, zu deren Aufnahme sie bestimmt ist. Nach dieser Seite hin kommt ihr kein Sein zu, und deshalb kann sie auch nicht von Gott durch eine Idee erfafst werden. Aber wenn wir das positive Moment in Betracht ziehen, insofern die Materie das Substrat für alle Wesen bildet, dann müssen wir ihr eine gewisse Realität zusprechen; was aber ein Sein hat, davon hat Gott auch eine eigene Idee, also in dieser Beziehung auch von der Materie. Und zwar ist diese Idee, wenn sie auch auf etwas Unvollkommnes geht, in Gott selbst eine vollkommne.[1])

4. Dieselbe Ansicht hat auch der hl. Thomas; er äufsert sich darüber folgendermafsen: »Nos autem ponimus, materiam causatam esse a Deo, unde necesse est ponere, quod aliquo modo sit ejus idea in Deo, cum, quidquid ab ipso causatur, similitudinem ipsius utcunque retineat«.[2]) Indem er dann weiter die Idee, durch die wir die Dinge als solche erkennen, von der Idee, die uns die Erkenntnis der Materie für sich vermittelt, unterscheidet und nur jene als Idee im eigentlichen Sinne gelten lassen will, schliefst er

also formlos, sondern vielmehr an etwas, das ohne geeignete Form, also unförmlich sei. Wenn er nun auch eingesehen, dafs er, um etwas Formloses zu denken, die Form ganz wegdenken müfste, so hätte er doch diesen Gedanken nicht fixieren können, weil die Einbildungskraft immer und immer schon geformte Körper vorstellte und diese dann umgestaltete und anders formte. Erst als er mit seiner Vernunft tiefer in das Wesen der Dinge und ihre Veränderlichkeit, in ihr Entstehen und Vergehen eingedrungen sei, habe er das gemeinsame Subjekt aller körperlichen Substanzen, die materia prima erfafst.

1) Intelligendum, quod cum quaeritur, utrum imperfecta habeant ideam in Deo, hoc dupliciter potest intelligi: aut ratione ipsius, quod *subest*, aut ratione *imperfectionis*. Si ratione imperfectionis, cum imperfectio sit privatio, et privatio non dicat ens nec aliquid a Deo nec assimilabile, sic non habet ideam. Si autem ratione ejus, quod subest, sicut materia dicitur quid imperfectum et materia aliquam essentiam dicit, sic habet ideam, sed non imperfectam, sed perfectam. I S. d. 36. a. 3. q. 2.

2) De veritate q. 3. a. 5.

mit den Worten: »Et sic nihil prohibet, materiae primae etiam secundum se ideam esse«. Ganz anders spricht er sich in seinem spätern Werke, in der Summa theologiae, über die Erkenntnis der Materie von seiten Gottes aus. Hier sagt er wohl auch, dafs Gott die Materie durch eine Idee erkenne, aber nicht durch eine eigene, sondern nur implicite durch die Idee des Kompositums.¹) Wie ist dieser Widerspruch zu erklären? Cajetan, der scharfsinnige Kommentator der Summa theol., ist der Ansicht, der Aquinate habe sich an der letzteren Stelle einfach selbst korrigiert. Aber vielleicht läfst sich der Widerspruch dadurch lösen, dafs man annimmt, Thomas habe an der letzteren Stelle Idee im engeren Sinne genommen und damit sagen wollen, dafs eine solche auf die göttliche Erkenntnis der Materie nicht anwendbar sei.

2. Die Form.

§ 5.

a) Begriff und verschiedene Bedeutung der Form.

Der hl. Bonaventura unterscheidet wie der Aquinate zwischen forma *substantialis* und *accidentalis;* jene nennt er auch *constitutiva, forma in se,* auch *completiva.*²) Wenn er von der Form schlechthin spricht, dann meint er die Wesensform, forma substantialis. Durch diese wird die Substanz als solche in ihrem Sein konstituiert.³) Sie giebt also dem Dinge das ihm eigne Sein, dasjenige, wodurch das Ding das ist, was es ist. In diesem Sinne ist Form gleichbedeutend mit Wesenheit.⁴) Durch die Form erhält das Ding seine Bestimmtheit⁵), die Vollendung und Vollkommenheit seines Seins; in letzterer Beziehung heifst

---

¹) Habet quidem materia ideam in Deo, non tamen aliam ab idea compositi; nam materia secundum se neque esse habet neque cognoscibilis est. S. th. I. q. 15. a. 3. ad 3.
²) Vgl. IV S. d. 11. p. I. a. 1. q. 2. — I S. d. 19. p. II. q. 2 und 3. — III S. d. 36. q. 6.   I S. d. 31. p. II. dub. 5.
³) Forma dicit proximum et immediatum principium essendi. I S. d. 3. p. II. a. 1. q. 3.
⁴) Essentia nominat rei formam in quadam abstractione. III S. d. 5. a. 2. q. 1.
⁵) Dicendum, quod ista propositio: Omnis distinctio est a forma, non habet veritatem, nisi intelligatur de distinctione perfecta. I S. d. 19. p. II. q. 3.

sie auch *perfectio*.¹) Deshalb kann in jedem Dinge nur eine Wesensform sein. In diesem Sinne sind wohl die Worte des Heiligen: »Unius perfectibilis una sola est perfectio«²), zu deuten. Auch gebraucht Bonaventura Form für *species*, Erkenntnisbild, weil gerade durch dieses das Wesen (Form) des Dinges erfafst wird.³) Endlich steht Form für das, wonach Dinge geformt und gebildet werden, also für Vorbild, Idee, auch mit Bezug auf den schaffenden Geist.⁴)

§ 6.
b) Nähere Bestimmungen der Form.

1. Da das Handeln dem Sein folgt, so ist die Form, wie sie Prinzip des Seins ist, auch Prinzip des Thätigseins.⁵) Doch ist sie nur das entferntere Prinzip der Thätigkeit, und in dieser Beziehung heifst sie *natura*.⁶) Das nächste und unmittelbare Prinzip der Thätigkeit ist das Vermögen.⁷)

2. An sich, in ihrer Allgemeinheit gedacht, ist die Form unvergänglich,⁸) im physischen Sinne aber, insofern sie ein Wesensbestandteil des Individuums ist, unterliegt sie der Veränderung, sie entsteht und vergeht mit dem Individuum.⁹) Die Form kann ebensowenig für sich allein bestehen, wie die Materie, mit der sie zusammen die Substanz konstituiert.¹⁰) Es liegt selbst

---

¹) Forma, quae complet in essendo. III S. d. 36. q. 6. — Quod habet esse distinctum, habet esse completum. I S. d. 19. p. II. q. 3.
²) II S. d. 8. p. II. q. 1.
³) Forma potest considerari in comparatione ad nostram cognitionem et sic dicitur *species*. I S. d. 31. p. II. dub. 5.
⁴) Agens per intellectum producit per formas, quae non sunt aliquid rei, sed *ideae* in mente, sicut artifex producit arcam; et sic productae sunt res, et hoc modo sunt formae rerum aeternae, quia sunt Deus. II S. d. 1. p. I. a. 1. q. 1.
⁵) Omnis *operatio* ortum habet a forma substantiali. IV S. d. 11. p. I. a. 1. q. 2.
⁶) Potest forma considerari in comparatione ad operationem propriam et sic dicitur *natura*. I S. d. 31. p. II. dub. 5.
⁷) *Potentia* proximum et immediatum principium operandi. I S. d. 3. p. II. a. 1. q. 3.
⁸) Unitas aevi conformatur formae, non inquam formae, in quantum haec vel illa, sed in quantum *immutabilis*. II S. d. 2. p. I. a. 1. q. 2.
⁹) Forma in particulari generatur et corrumpitur. II S. d. 7. p. II. a. 2. q. 1.
¹⁰) Forma indiget materiae et e converso. II S. d. 1. p. I. a. 1. q. 1.

nicht in der Macht Gottes, eine Form für sich ohne Materie ins Dasein zu setzen. Es würde dann die reine Form ein Wesen für sich bilden; und doch kommt es, im Sinne Bonaventuras gesprochen, jedem Wesen zu, aus Form und Materie zu bestehen. Gott würde also dadurch etwas sich Widersprechendes hervorbringen, was nicht denkbar ist.[1]) Zu jedem Wesen also, sei es ein körperliches oder geistiges, gehören Form und Materie; formae subsistentes oder separatae im Sinne des hl. Thomas giebt es nicht. Nur Gott allein kann als reine Form bezeichnet werden, aber nur im Sinne des absoluten und vollkommnen Seins, nicht etwa, als ob er durch seine Wesenheit die Materie informiere.[2])

3. Die Form ist nicht hervorgebracht, nicht geworden; woraus sollte sie auch werden? aus der Materie? Die Materie erhält aber erst ihr Sein durch die Form, denn sie ist eine potentia passiva und setzt als solche den actus voraus, durch den sie erst wirklich wird, dieser actus ist eben die Form. Die Formen können daher ursprünglich nur von Gott aus nichts hervorgebracht sein, gerade so wie die Materie.[3])

3. Verhältnis von Materie und Form.

§ 7.

1. Materie und Form können für sich nicht bestehen, sondern bedingen sich gegenseitig in ihrer Existenz. Die Materie wird insofern durch die Form verwirklicht, als sie durch diese das hat, was ihr gebricht, um wirklich sein zu können, die

---

[1]) Si Deus res condidit, secundum quod competit naturis ipsarum, patet, quod nunquam debuit facere, formam stare sine materia in conditione rerum, quamvis in miraculis faciat contra naturam et supra naturam. II S. d. 3. p. l. a. 1. q. 1.

[2]) Forma illa, quae cum materia fecit compositum, nunquam sine materia reperitur. Cum enim dicitur: Deus est pure forma, aequivocatur nomen formae, quia non dicitur ibi forma, prout est perfectio materiae, sed forma nominat ibi essentiam, quae habet esse in omnimoda actualitate et completione, et nullo modo potest pervenire ad alterius compositionem. II S. d. 12. a. 1. q. 1.

[3]) II S. d. 1. p. l. a. 1. q. 1. fund. 6, wo es am Schlusse ausdrücklich heifst: Necesse est ponere, essentias formarum a primo opifice productas ex nihilo, ergo pari ratione et materiam.

Bestimmtheit.¹) Ebenso bedarf aber auch die Form der Materie als des Subjektes, aufser der sie weder werden noch da sein kann. Aus der Verbindung beider entsteht ein Drittes, eine neue Substanz, das *Kompositum*, das „quod est", während die Form allein das „quo est" ist.²) Die Materie ist das Prinzip der Existenz der Dinge, die Form giebt der Materie das bestimmte aktuelle Sein, wie der hl. Bonaventura ausdrücklich erklärt: „Quod sit aliquid, habet individuum a forma; individuum enim habet esse, habet etiam existere. *Existere* dat materia formae, sed *essendi actum* dat forma materiae.³) Materie und Form sind die Wesensbestandteile *aller* Substanzen, der körperlichen wie geistigen. Je nach der Form, mit der die Materie sich verbindet, ist sie eine verschiedene in den körperlichen und geistigen Wesen⁴); in den körperlichen Wesen ist sie zugleich das Prinzip der Ausdehnung.⁵)

2. Die Vereinigung der Materie mit der Form ist eine unmittelbare; sie geschieht nicht etwa durch einen modus informationis, auch nicht durch einen andern Körper, wie Duns Scotus behauptet. Der hl. Bonaventura sagt ausdrücklich: „Ipsa rei principia, dum conjunguntur, invicem se appropriant et faciunt individuum."⁶) Auch folgt das schon aus dem Verhältnis, in dem die beiden Prinzipien zu einander stehen, sie verhalten sich nämlich zu einander wie actus und potentia; da ist ein Bindeglied zwischen diesen beiden nicht möglich.⁷) Materie und Form sind sich also gegenseitig Ursache des Daseins, jedoch nicht etwa als erzeugende

---

¹) Dicendum, quod materia non propter se facta est, sed propter sustentationem formae, quae ejus *actus* est. II S. d. 1. p. I. a. 1. q. 1.

²) Ex ipsa conjunctione principiorum resultat ipsum *quod est*. II S. d. 3. p. I. a. 2. q. 3.

³) II S. d. 3. p. I. a. 2. q. 3. — Vgl. II S. d. 12. a. 1. q. 1.

⁴) Quia materia nunquam expoliatur ab omni esse, et quae semel est sub esse corporali, nunquam exuitur, et similiter illa, quae est sub esse spirituali; hinc est, quod materia consequens esse in spiritualibus et corporalibus est alia et alia. II S. d. 3. p. I. a. 1. q. 2.

⁵) Unde cum dicitur, quod extensio est a materia, non est intelligendum, quod a materia secundum suam essentiam, sed secundum esse. II S. d. 3. p. I. a. 1. q. 2. — Vgl. II S. d. 13. a. 2. q. 1.

⁶) II S. d. 3. p. I. a. 2. q. 2.

⁷) Quidquid in rerum natura invenitur, actu existit, quod quidem non habet materia nisi per formam, quae est actus ejus. II S. d. 12. a. 1. q. 1.

oder hervorbringende Ursache, sondern die Materie als Subjekt und die Form als das Differenzierende.¹)

3. Als Wesensprinzipien haben Materie und Form, auch für sich betrachtet, eine gewisse Realität. Aber der Zeit nach ist keines früher als das andere; sie treten beide zugleich ins Dasein, weil beide in ihrem Sein auf einander angewiesen sind. Die Materie kann nicht existieren ohne Form, und diese kann nicht wirklich werden ohne Materie. Freilich der Natur nach ist die Materie früher als die Form; denn der Akt setzt die Potenz voraus.²) Auch was den Ursprung anbetrifft, gebührt der Materie die Priorität, bezüglich der Vollendung ist sie später als die Form, da sie gerade durch diese ihre Vollendung und Vollkommenheit erhält.³)

II. Entstehen und Vergehen der körperlichen Wesen.

§ 8.

1. Allgemeines.

1. Die Erfahrung lehrt, dafs die Naturwesen sich immerfort verändern. Der hl. Bonaventura unterscheidet eine dreifache Veränderung: eine *accidentale* (variatio), wenn nur die Accidenzen sich ändern, die Substanz des Körpers aber intakt bleibt, z. B. wenn der Körper eine andere Gestalt erhält; eine *substantiale* (versio), wenn der Körper vernichtet wird; eine beziehungsweise (corruptio), wenn der Körper durch Veränderung der

---

¹) A. a. O.

²) Secundum ordinem naturae prius est materia omnimode in potentia, quam sit sub aliqua forma et ita omnimode informis quam aliquo modo formata, quia formationem habet aliunde, sed informitatem et possibilitatem habet ex propria natura; non tamen potest esse prior duratione. Nunquam enim informitas est nisi per aliquam formam nec possibilitas nisi per aliquem actum. A. a. O.

³) Materia a forma dependet et ad ipsam habet necessariam ordinationem; et quamvis sit prior productione sive generatione, posterior est tamen completione. II S. d. 12. a. 1. q. 1.

Form ein anderer wird.[1]) Die versio kommt bei der Veränderung der Naturwesen nicht in Betracht, da das Vergehen derselben eine Verwandlung des einen Körpers in einen andern (corruptio) und nicht eine Rückkehr in das Nichts ist. Wenn der eine Körper vergeht, entsteht aus ihm ein anderer. — Das ist Lehre des doctor seraphicus, der den Satz des Aristoteles: „Unius corruptio est contrarii generatio" zu dem seinigen macht.[2]) Eine solche Umwandlung des einen Körpers in den andern wäre nicht denkbar, wenn nicht ein Subjekt vorhanden wäre, an dem sich die Umwandlung vollzöge, das den neuen Seinszustand empfinge; denn sonst würde das neue Wesen nicht aus dem alten entstehen, sondern aus nichts hervorgebracht werden; aber innerhalb der Ordnung der seienden und verursachten Dinge gilt der Satz: »Ex nihilo fit nihil«. Jenes bleibende Subjekt ist die Materie. Sie ist aber an sich unbestimmt, und deshalb bedarf es noch eines andern Prinzips, das der Materie das bestimmte Sein verleiht und auf solche Weise die neue Substanz zustande bringt. Dieses Prinzip ist die Wesensform. Das Entstehen eines neuen Körpers geht also in der Weise vor sich, dafs die Form des alten Körpers verschwindet und eine neue an ihre Stelle tritt, während die Materie dieselbe bleibt. Die Veränderung ist eine substantiale, weil es sich um die Wesensform handelt. Der hl. Bonaventura bezeichnet sie als *secundum quid*, weil nach seiner Ansicht nur die Art des Seins wechselt: Was ens in potentia war, wird durch die Generation aktuelles Sein.[3])

2. Woher nun die Form des neuen Körpers? Darauf antworten Thomas und die mittelalterlichen Philosophen: „Forma educitur ex potentia materiae". Übrigens ist es nicht die Form,

---

[1]) Mutatio autem tripliciter: uno modo ab ente in ens, et haec est mutatio secundum accidens et dicitur *variatio*, alio modo ab ente simpliciter in ens potentia sive secundum quid, et haec est mutatio secundum formam et dicitur *corruptio*, alio modo est mutatio ab ente in simpliciter non ens, et haec est secundum totam rei substantiam, et dicitur versio. I S. d. 8. p. I. a. 2. q. 2. Vgl. II S. d. 1. p. I. a. 3. q. 1.

[2]) II S. d. 7. p. II. a. 2. q. 1. Dieser Grundsatz heifst bei Aristoteles (Περὶ γενέσεως καὶ φθορᾶς, I c. 3. ed. Becker.) wörtlich so: Καὶ ἔστιν ἡ θατέρου γένεσις ἀεὶ ἐπὶ τῶν οὐσιῶν ἄλλου φθορὰ καὶ ἡ ἄλλου φθορὰ ἄλλου γένεσις.

[3]) Vgl. I S. d. 8. p. I. a. 2. q. 2. — Vgl. unten n. 6.

die da wird und entsteht. Das Werden entspricht nämlich dem Sein; nun kommt weder der Materie noch der Form das Sein zu, folglich auch nicht das Werden. Nicht die Form, auch nicht die Materie werden, sondern das Kompositum wird und entsteht. Nur im uneigentlichen Sinne kann man sagen: Die Form wird; insofern nämlich die Substanz wird, wird zugleich mit ihr die Form. Die Substanz erhält aber ihr Sein und ihre Vollendung durch die Form; also ist es doch die Eduktion der Form, die durch die Generation hauptsächlich erzielt wird.[1])

3. Wie kann aber die Form aus der Materie hervorgehen, oder in der Materie erzeugt werden? Nur auf solche Weise, wie sie in der Materie enthalten ist. Auf doppelte Weise aber kann das eine in dem andern enthalten sein: actualiter oder potentialiter. Actualiter kann die Form, bevor sie wird, nicht in der Materie enthalten sein; denn dann würde es kein Werden derselben geben, sie würde nicht entstehen, sondern nur aus der Materie hervorgehen. Damit würde alle Erzeugung und Entstehung in der Natur aufgehoben, es gäbe nur Entwickelung. Die Form ist also nur potentialiter in der Materie enthalten, insofern sie aus ihr als aus dem zu ihrer Produktion konkurrierenden Subjekte entstehen kann; sie entsteht nicht aus nichts, sondern aus der Materie; sie wird aus der Materie, die zu ihr in Potenz ist, herausgeführt (educitur) und entsteht mit Abhängigkeit von dieser. Wie wir uns das potentielle Sein der Formen in der Materie zu denken haben, wie die Formen aus dieser educiert werden, ist schwer zu sagen. Wir stimmen da vollkommen Schneid bei, wenn er erklärt, dafs die Eduktion der Form der schwierigste Punkt in der ganzen Lehre der Scholastik von dem Wesen der Körper ist.[2]) Aber auch Liberatore hat recht, wenn er bemerkt, dafs die Schwierigkeit, auch wenn sie noch so grofs ist, uns nicht abhalten darf, eine Lehre anzunehmen, wenn anders

---

[1]) Dicendum, quod, sicut dicit Philosophus, proprie loquendo, forma non generatur, sed compositum. Cum enim producitur forma, non producitur in se nec per se, sed ut in materia, et sic facit compositum, et ad illud terminatur generatio; nihilominus generatio vel productio naturalis respicit compositum principaliter gratia formae. II S. d. 7. p. II. a. 2. q. 1.

[2]) Schneid, die scholastische Lehre von Materie und Form S. 88.

die Gründe, die dafür sprechen, stichhaltig sind.¹) Um diese Schwierigkeiten bezüglich der »Eduktion« zu lösen, stellt Bonaventura nach dem Vorgang des hl. Augustinus seine Theorie von den *rationes seminales* auf. Da diese in seiner ganzen Körperlehre eine grofse Rolle spielen, so ist es wohl angebracht, etwas ausführlicher darüber zu handeln.

§ 9.

2. Rationes seminales.

1. Der hl. Bonaventura spricht sich an verschiedenen Stellen seines Kommentars zu den Sentenzen des Lombarden recht ausführlich über die rationes seminales aus; und doch ist es nicht leicht zu eruieren, was er darunter verstanden hat. Pesch übersetzt *ratio seminalis* mit »organischer Samenfähigkeit«;²) damit ist der Ausdruck wohl richtig wiedergegeben. Der seraphische Lehrer verlegt dieses Vermögen im allgemeinen in die Elemente, bezw. in die Materie, die unter irgend einer Form existiert, dann insbesondere in den Samen. Dasselbe kommt also nicht blofs bei den organischen Wesen vor, sondern auch bei den anorganischen. Es heifst demnach ratio *seminalis* nicht deshalb, weil es nur in jenen Wesen sich findet, die durch Samen sich fortpflanzen, sondern weil oft der Name, womit verschiedene Dinge bezeichnet werden, von den vollkommenen hergenommen wird; es wird *ratio* genannt, weil es in naher Beziehung zu den göttlichen Ideen steht.

2. Bonaventura unterscheidet zunächst die ratio seminalis vom semen. Der Same ist das Prinzip, aus dem etwas entsteht, die *ratio seminalis* giebt die Direktive für die Thätigkeit dieses Prinzips, sie leitet und bestimmt die Naturkraft zur Hervorbringung eines neuen Wesens, sie ist eine in der Materie wirkende Kraft, welche die Setzung eines Effekts veranlafst und dazu mitwirkt.³)

---

¹) Schneid, a. a. O.
²) Pesch, die grofsen Welträtsel. II. Bd. S. 153.
³) Semen dicit ut ex quo et natura dicit ut a quo, ratio seminalis attenditur, in quantum dirigit potentiam naturae, ut ex aliquo fiat aliquid. Ratio seminalis respicit inchoationem et intrinsecam virtutem, quae movet et operatur ad effectus productionem. II S. d. 18. a. 1. q. 2.

3. Von den rationes seminales sind ferner die rationes *causales* zu unterscheiden. Dieser Unterschied hängt von der Art und Weise ab, wie das Ding produziert wird. Liegt in dem Dinge selbst die Kraft, ein neues Wesen aus sich zu setzen, dann sagt man: die Wirkung erfolgt nach den rationes seminales, wie z. B. ein Baum einen andern aus sich produziert. Ist dazu aber eine Kraft notwendig, die aufserhalb des Dinges sich befindet und mit diesem in keinem natürlichen Zusammenhange steht, und geht auch die Wirkung weit über die Kraft der Ursache hinaus, dann vollzieht sich die Wirkung nach den rationes causales. In dieser Weise schuf Gott die Dinge aus nichts. Im ersteren Falle kommt die Wirkung auf natürliche Weise und durch natürliche Kräfte zustande; es liegt in der Natur des kreatürlichen Wesens die Möglichkeit, ein anderes Wesen aus sich zu produzieren. Mafsgebend ist dafür die forma naturalis, aus der und nach der das neue Wesen sich bildet, von der es seine Bestimmtheit erhält; sie selbst geht aus der ratio seminalis hervor. Demnach entspricht die forma naturalis der ratio seminalis, sie sind der Sache nach dasselbe. Im andern Falle wird die Wirkung durch göttliche Kraft hervorgebracht; und da sich das göttliche Wirken nach den göttlichen Ideen (formae ideales sive exemplares) vollzieht, so sind die rationes causales als identisch mit den formae ideales aufzufassen. Die göttlichen Ideen finden sich aber in den natürlichen Dingen realisiert; denn diese sind nach jenen geschaffen; so entsprechen auch den formae ideales die formae naturales. Und weil diese letzteren zunächst als rationes seminales in der Materie liegen, so stehen auch die rationes seminales zu den rationes causales (formae ideales) in der innigsten Beziehung; sie verhalten sich zu einander wie das Besondere zum Allgemeinen; die rationes seminales befinden sich in den Dingen und die rationes causales in dem göttlichen Verstande. Wir können auch so sagen: Die allgemeinen göttlichen Ideen finden in den einzelnen körperlichen Wesen ihren besonderen realen Ausdruck, indem sie zunächst als rationes seminales in der Materie schlummern, dann aber als formae naturales zur Entstehung der neuen Wesen mitwirken und diesen ihre Bestimmtheit und Vollendung geben.[1]

---

[1] Quando quaeritur, utrum aliquis effectus fiat secundum rationes cau-

4. Suchen wir nun im Sinne des hl. Bonaventura die ratio seminalis näher zu bestimmen. Sie ist zunächst ein Vermögen, eine potentia activa, die der Materie eingeschaffen ist, und die mit Hülfe der Naturkräfte die neue Form hervorbringt; sie ist eine plastisch wirkende Kraft, welche die Form aus sich selbst produziert; sie ist wesentlich die zu produzierende Form selbst und unterscheidet sich von dieser nur bezüglich der Art des Seins, wie das Inkomplete vom Kompleten, wie das Potentielle vom Aktuellen; sie ist die Form in potentia.[1]) Hiernach scheint es, als ob die ratio seminalis schon vor der Entstehung der neuen Substanz ein gewisses Sein hat, dafs sie schon vorher als etwas Reales in der Materie verborgen ist, und dafs sie dann durch die Wirkung der potentia activa als aktuelle Form hervortritt. Das ist auch wirklich die Ansicht des seraphischen Lehrers, der über die Entstehung der Tierseelen sich also äufsert: »Aliter (animae

sales aut seminales, respondendum est, quod aut sic est a Deo ille effectus, quod creatura non habet in eo potentiam aliquam, aut si habet, habet solam potentiam obedientiae, utpote cum mundus fit de nihilo, ubi nulla est potentia creaturae, vel cum multi panes multiplicantur ex pane uno, ubi est sola potentia obedientiae, et haec fiunt secundum rationes causales, quas Deus servavit in sua voluntate, quia non fiunt secundum exigentiam creaturae, sed secundum exigentiam dispositionis aeternae. Si autem sic producitur effectus, quod est in potentia naturae, non solum obediente, sed etiam potente ad actum producere, sic dicitur fieri secundum rationes seminales, sicut patet, cum homo generatur ex homine vel arbor ex arbore. Causa et causalis ratio accipitur quantum ad principium increatum, semen vero et seminalis ratio spectat ad principium creatum. Differunt autem causa et ratio causalis, quia causa dicit principium productivum, ratio vero causalis dicit regulam dirigentem illud principium in sua operatione. Similiter per hunc modum differt semen et ratio seminalis. Regula autem agentis increati est forma exemplaris sive idealis, regula vero agentis creati est forma naturalis; et ita rationes causales sunt formae ideales sive exemplares, rationes vero seminales sunt formae naturales. Rationes causales et seminales uno modo, se habent sicut generale et speciale; alio modo, si fiat appropriatio, causales sunt, quae servatae sunt in mente divina, seminales vero, quae sunt rebus insertae. A. a. O.

[1]) Cum satis constet, rationem seminalem esse potentiam activam inditam materiae, et illam potentiam activam constet esse essentiam formae, cum ex ea fiat forma mediante operatione naturae, quae non producit aliquid ex nihilo, satis rationabiliter ponitur, quod ratio seminalis est essentia formae producendae, differens ab illa secundum esse completum et incompletum sive secundum esse in potentia et in actu. II S. d. 18. a. 1. q. 3.

brutorum) nunc producuntur ex illo seminario et aliter in primordio, quia nunc producuntur ex *seminario praeexistente* secundum sufficientem actualitatem.«[1])

5. Ganz klar tritt diese Ansicht des hl. Bonaventura von der *Präexistenz* der rationes seminales dort hervor, wo er ihr Verhältnis zur Materie bespricht. Neue Wesen entstehen nach seiner Meinung dadurch, dafs an Stelle der alten Wesensformen neue mit der Materie sich verbinden. Diese neuen Formen werden aber nicht ohne weiteres aus der Materie produziert, sie sind vielmehr von Anfang an in der Materie, denn sie sind dieser von Gott eingeschaffen als ein »Etwas«, aus dem sie dann durch Einwirkung eines kreatürlichen Agens nach und nach eduziert werden. Dieses »Etwas« sind die rationes seminales, welche die Formen nicht zum teil, sondern schon ganz, aber nur in potentia in sich enthalten, wie die Knospe die Rose in sich enthält.[2]) Keimartig liegen also die Formen von Anfang an in der Materie und haben dadurch ein eigenes Sein; »die Materie geht schwanger mit den Formen von allen Dingen, die ins Dasein treten sollen.«[3])

6. Die Materie trägt also zur Entstehung des neuen Wesens unmittelbar nichts bei, sie verhält sich nur *receptiv*. Die ratio seminalis zeigt sich teils *aktiv* teils *passiv* — aktiv, insofern sie als potentia activa in Verbindung mit den Naturkräften zur Hervorbringung der neuen Substanz mitwirkt, passiv, insofern sie als Form durch die Generation eine Veränderung erleidet; sie geht nämlich aus der Potenz in den Akt über. Es wird also durch die Generation nicht eine absolut neue Form hervorgebracht,

---

[1]) II S. d. 15. a. 1. q. 1.

[2]) Formae naturales, ad minus corporales, cujusmodi sunt formae elementares et formae mixtionis, sunt in potentia materiae et per actionem agentis particularis educuntur in actum ... Alia via est, quod formae sunt in potentia materiae, non solum in qua et a qua aliquo modo, sed etiam ex qua. Et hoc dicunt, non quia ipsa essentia materiae sit, ex qua res producitur, sed quod in ipsa materia *aliquid est concreatum*, ex quo agens, dum agit in ipsam, educit formam, non inquam ex illo tanquam ex aliquo, quod sit tanquam aliqua pars formae producendae, sed quia illud potest esse forma et fit forma, sicut globus rosae fit rosa. II S. d. 7. p. II. a. 2. q. 1.

[3]) Cum materia non sit pars formae, nec forma fiat pars materiae, necesse est, aliquo modo formas naturales esse in materia, antequam producantur, et substantia materiae praegnans est omnibus; ergo rationes seminales omnium formarum sunt in ipsa. IV S. d. 43. a. 1. q. 4.

sondern die frühere erhält nur eine andere Disposition, aus der Potenz tritt sie in den Akt über, während die Materie als Substrat der Veränderung dieselbe bleibt. Potenz und Akt sind nicht zwei verschiedene Wesenheiten, sondern nur verschiedene substantiale Dispositionen desselben Wesens. Deshalb ist es auch nichts Grofses, wenn eine kreatürliche Ursache ein neues Wesen hervorbringt. Das geschieht nicht dadurch, dafs sie eine neue Form setzt, sondern dafs sie das Sein der Form ändert, diese aus dem potentiellen Sein in das aktuelle versetzt. Die Generation ist nur eine Veränderung, freilich eine substantiale. Diese Veränderung vollzieht sich in der Materie; denn die Form liegt von Anfang an in dieser, und sie bedarf auch der Materie zur Konstituierung des neuen Wesens, da dieses durch die Verbindung der Form mit der Materie entsteht. Um diese Abhängigkeit der Form von der Materie bei der Entstehung neuer Substanzen besonders hervorzuheben, gebraucht der doctor seraphicus den Ausdruck »ex qua«, obgleich, wie gesagt, die Form nicht aus der Materie, sondern aus der ratio seminalis sich entwickelt.[1]) Trotz dieser Abhängigkeit hat die Materie keinen direkten Einflufs auf die Aktuierung der Form resp. auf die Bildung des neuen Wesens. Ganz ausdrücklich sagt das Bonaventura bezüglich der Tierseelen, die et auch aus den rationes seminales hervorgehen läfst: »Concedendum est, animas sensibiles sive animas brutorum esse ex aliquo, non inquam materialiter, sed *seminaliter*.[2])

---

[1]) Et cum producitur, nulla quidditas, nulla veritas essentiae inducitur de novo, sed datur ei nova dispositio, ut quod erat in potentia, fiat in actu, Differunt enim actus et potentia, non quia dicunt diversas quidditates, sed dispositiones diversas ejusdem, non tamen sunt dispositiones accidentales sed substantiales. Et hoc non est magnum, si est in potentia agentis creati, ut, quod est uno modo, faciat esse alio modo ... Concedo, quod formae naturales sunt in materia quantum ad potentiam et in qua et ex qua et a qua secundum praedictum modum. Et si tu objicias, quod materia non agit nec constituit, dicendum, quod essentia materiae solum se habet per modum receptivi; sed seminarium inditum se habet quodammodo per modum activi, quodammodo per modum passivi, quoniam cooperatur agenti et nihilominus ipsum variatur ab una dispositione in aliam ... Haec est summa positionis, quod agens creatum nullam quidditatem nec substantialem nec accidentalem omnino producit, sed entem sub una dispositione facit esse sub alia... Cum enim producitur forma, non producitur in se nec per se, sed ut in materia. II S. d. 7. p. II. a. 2. q. 1.
[2]) II S. d. 15. a. 1. q. 1.

7. Auch die Art und Weise, wie Bonaventura sich über die sogenannte *generatio aequivoca* ausspricht, ist ein Beweis dafür, dafs er die rationes seminales als etwas Keimartiges in der Materie liegend sich dachte. Er ist nämlich, wie die meisten mittelalterlichen Philosophen, der Ansicht, dafs in der Natur die unvollkommenen Organismen, wie Würmer, Frösche u. s. w. aus nicht organisierter Materie entständen. Aber wie kann eine unvollkommene Ursache eine Wirkung höherer Ordnung setzen? Auf welchen höheren Grund ist das Entstehen jener Lebewesen zurückzuführen? Vielleicht auf Gott? Das ist die Meinung des Duns Scotus. Diese Berufung auf eine übernatürliche Ursache verwirft der Heilige; er will natürliche Vorgänge auf natürliche Weise erklären. Deshalb nimmt er die rationes seminales zu Hilfe. Diese liegen nach seiner Ansicht »latent« in der Erde, und aus ihnen entwickeln sich unter Konkurrenz der Elemente und der Sonne die neuen beseelten Wesen. Also nur die rationes seminales sind die eigentlichen Wirkursachen für die Entstehung der neuen Organismen. Das hebt Bonaventura noch ganz besonders hervor, indem er die Bemerkung macht, dafs »weder der Himmel noch der Beweger des Himmels« die neue Form hervorbringe, sondern dafs diese durch die potentia activa, die durch die Sonne in Thätigkeit gesetzt werde, ihr aktuelles Sein erhalte.[1]) Darin liegt doch deutlich ausgesprochen, dafs die rationes seminales mehr sind als eine blofse Disposition der Materie zum Eintritt in die organische Form, wie sie der Aquinate auffafst.[2]) Der

[1]) Ad illud quod objicitur de animalibus, quae generantur per putrefactionem, dicendum, quod etsi sint varii modi solvendi, quia quidam dicunt, quod est a coeli motore, quidam, quod a Creatore, potest tamen secundum physicam positionem plane responderi, quod sicut humor fit semen per potentiam generativam ... sic etiam in proposito intelligendum est, quod cum in terra ista esset seminarium illud, aliquo modo concurrentibus elementis et adjuvante corpore coelesti, ut aggeneretur calor vivificus, fit quoddam semen, ita quod potentia illa activa, quae prius latebat, adjuta ex actione coelestis corporis, proficit et venit ad perfectionem et complementum, ita quod nec coelum nec motor coeli dat sibi formam ultimam, sed solum adjuvat et excitat, ut potentia illa proficiendo ad speciem completam perveniat. Et per hunc modum intelligendum est etiam in aliis terrae nascentibus. II S. d. 15. a. 1. q. 1.
[2]) Vgl. Thom. I S. d. 18. q. 1. a. 2.

seraphische Lehrer nimmt auch auf diese Ansicht Bezug, ohne ihr aber zuzustimmen;[1]) er bezeichnet vielmehr die andere, — nach welcher die rationes seminales als latente Formen gelten, die durch eigene Kraft zur vollen Entwickelung und zur Bildung der neuen Wesen kommen — als »positio intelligibilior et veritati vicinior«. Es verhält sich, um das Gesagte noch durch einen Vergleich zu erläutern, nach der Anschauung Bonaventuras mit den rationes seminales und ihrer Entwickelung wie mit dem *habituellen* Erkennen. Wie die Erkenntniskraft, wenn sie durch den Willen des Geistes oder durch andere Einflüsse in Thätigkeit gesetzt wird, die in ihr ruhende Erkenntnisform zur aktuellen Vorstellung bringt: so produziert die potentia activa, wenn sie von aufsen angeregt wird, durch die in ihr schlummernde forma naturalis aus der Materie das neue Wesen.

8. Die rationes seminales sind ursprünglich der Materie von Gott eingeschaffen; sie treten also von Anfang an als etwas für sich Seiendes in der Materie auf. Sie entwickeln sich aufserdem in so selbständiger Weise, dafs dabei der Einflufs anderer Faktoren nicht als ein unmittelbarer aufzufassen ist. In ihnen selbst liegen die Formen, die bei der Generation mit der Materie zusammen die neuen Wesen konstituieren; in ihnen liegt die potentia activa, die im Akte der Generation von den natürlichen Kräften angeregt jene Formen eduziert. Und diese Formen, die bei der Entstehung neuer Wesen aktuell werden und diesen ihr individuelles Sein geben, bleiben nicht nur so lange mit der Materie verbunden, als die durch ihren Einflufs entstandenen Wesen subsistieren, sondern auch dann, wenn diese zu Grunde gehen, verlieren sie nicht ganz ihr Sein; sie treten nur aus dem aktuellen Zustand in den potentiellen zurück, um anderen Formen Platz zu machen.[2]) Deshalb können sie auch wieder aktuell hervortreten;

---

[1]) Nam quidam dicunt, quod hujus modi formae sunt in materia in potentia receptiva et quodammodo activa sive cooperativa, quoniam materia et habet possibilitatem ad recipiendum et etiam inclinationem ad cooperandum, et in agente est hujusmodi forma producenda sicut in principio effectivo et originali, quia omnis forma per naturam suae speciei recipit virtutem multiplicandi se; unde inductio formae est ab agente formam suam multiplicante. III S. d. 7. p. II. a. 2. q. 1.

[2]) Semper manet substantia materiae cum ratione seminali. IV S. d. 43. a. 1. q. 5. — So geht im Haushalte der Natur nichts verloren — ein Satz,

aber dann gehen nicht ganz dieselben Wesen wie früher aus ihnen hervor. Das kommt daher, weil jedesmal bei der Entstehung neuer Wesen das »agens naturale« mitwirkt und diesen etwas von seinem Sein mitteilt, wodurch sie natürlich eine Änderung erfahren.[1])

So faſst der hl. Bonaventura die rationes seminales in ganz eigentümlicher Weise auf: die in ihnen präexistierenden Formen haben eine gewisse Realität, aber nicht ein aktuelles Sein. Die letztere Ansicht, welche die Form als aktuelle, wenn auch verborgener Weise, in der Materie liegende erklärt, und welche der seraphische Lehrer bei Anaxagoras zu finden glaubt, verwirft er ausdrücklich, stimmt aber jenen bei, welche annehmen, die Formen seien nicht bloſs »latent« in der Materie, sondern sie befänden sich darin als *potentiale Entitäten.*[2])

9. Bonaventura teilt, wie wir gehört haben, die rationes seminales nicht bloſs den organischen, sondern auch den unor-

der besonders von der heutigen Naturwissenschaft sehr urgiert wird (»das Gesetz von der Erhaltung der Kraft«), der aber auch schon den mittelalterlichen Philosophen bekannt war. —

[1]) Nulla forma omnino corrumpitur, sed manet in materia post corruptionem, sicut manebat, antequam produceretur, et sic dicit Augustinus, unde formas in materia ante productionem dicit esse quantum ad rationes seminales. Dicit etiam resolvi ad materiam sicut ad occultissimos sinus naturae, idem utroque nomine secundum alteram et alteram rationem intelligi volens. Nunc haec dixisse sufficiat, quod omnes formae, cum corrumpuntur, non omnino corrumpuntur, sed manent aliquo modo. Dicendum, quod quamvis forma sit ibi aliquo modo post corruptionem, tamen natura non potest producere ad idem esse, quod habuit prius. Et ratio hujus est, quia agens naturale influendo agit et impertiendo aliquid sui, quo mediante perficit illud, quod erat in materia, et illud, quod influitur a parte agentis, fit aliquid de completo esse ipsius producti; et ideo necesse est, quod natura det aliquid novi quantum ad modum essendi substantialem, qui est esse in actu. IV S. d. 43. a. 1. q. 4.

[2]) Quidam posuerunt latitationem formarum, sicut imponitur Anaxagorae. Et illud potest dupliciter intelligi: aut quod ipse poneret formas actualiter existere in materia, sed non apparere extrinsecus, sicut pictura operta panno, et iste modus impossibilis est omnino, quia tunc contraria simul ponerentur in eodem. Alio modo potest intelligi sic, ut essentiae formarum sint in materia in potentia non solum latentes, sed *entes in potentia,* ut materia habeat in se seminales omnium formarum rationes sibi a primaria conditione inditas, et illud concordat et philosophiae et sacrae Scripturae. II S. d. 7. p. II. a. 2. q. 1.

ganischen Wesen zu, so dafs sich also nach seiner Auffassung Organisches aus Unorganischem entwickelt. Wir haben hier also eine Art Urzeugung, freilich in einem ganz anderen Sinne, als in welchem sie heutzutage von den materialistisch gesinnten Naturforschern gefafst wird. Denn dort entstehen die Lebewesen aus der unorganischen Materie nicht in Kraft der blofsen physikalischen und chemischen Agenzien, die in der Materie walten, sondern in Kraft einer besonderen Veranlagung der Materie, die ihr unmittelbar von Gott verliehen ist, und ist daher die Urzeugung nur die Wirkung dieser von Gott bewirkten Veranlagung der Materie. Es ist also hier auf jeden Fall die Entstehung des Organischen aus anorganischem Stoffe auf göttliche Wirksamkeit zurückzuführen; die Materialisten wollen aber gerade diese durch Annahme der Urzeugung überflüssig machen.

10. Es bleibt noch zu untersuchen, in welchem Verhältnis die ratio seminalis zu den Naturkräften steht, die zur Hervorbringung eines neuen Wesens mitwirken müssen. Die potentia activa genügt nämlich nicht, um neue Wesen zu produzieren; dazu sind aufser der Materie noch bestimmte Kräfte erforderlich.[1]) Und je vollkommener die Wesen sind, die ins Dasein treten sollen, um so gröfser mufs auch jener Einflufs der einwirkenden Kräfte sein.[2]) Freilich sind nach der Ansicht Bonaventuras diese Kräfte zunächst dazu da, die potentia activa zur Thätigkeit anzuregen, welche dann die neue Form und durch diese das neue Wesen produziert; aber ohne Mitwirkung dieser natürlichen Agenzien kann kein neues Wesen entstehen. Bei den unvollkommenen Tieren, die aus verfaulten Stoffen sich bilden, bedarf es nur einer allgemeinen Ursache und keines partikulären Agens, damit sie ins Dasein treten.[3]) Zur Entstehung der höheren Tiere,

---

[1]) Illa ratio seminalis valde remota est ab actu completo nec potest ad actum reduci, nisi multa adminiculantia habeat, ex quorum influentia, sibi et naturae suae conveniente, proficiat, quousque in actum perveniat. II S. d. 7. p. II. a. 2. q. 2.

[2]) E contrario est de animalibus utroque modo perfectis, et ideo virtus productiva ipsorum majorem exigit actualitatem, et ratio seminalis cum majori difficultate profertur in actum, ideo majori indiget adjutorio. II S. d. 8. p. I. a. 2. q. 1.

[3]) Ad quaedam educenda sufficit causa universalis sine adjutorio agentis

die sich durch Zeugung fortpflanzen, und des menschlichen Körpers ist aber ein Agens erforderlich, das derselben Spezies wie das zu produzierende Wesen angehört.[1]) Bisweilen scheint es, als ob Bonaventura diesen Agenzien doch einen **direkten** Einfluſs auf die Gestaltung der neuen Wesen zuerkennt, indem er sie selbst die Formen aus den rationes seminales eduzieren läfst. Dann wäre die potentia activa überflüssig.[2])

11. Zu diesen Naturkräften, die aufser der potentia activa bei der Generation neuer Wesen thätig sind, rechnet der seraphische Lehrer zunächst die *virtus elementorum* (d. h. die chemischphysikalischen Kräfte), und hebt hier besonders die **Wärme** hervor. In diesem Punkte findet er sich mit den Ergebnissen der neueren und neuesten Wissenschaft im vollsten Einklange. Dasselbe gilt auch von dem, was er in dieser Beziehung von dem Einfluſs der **Gestirne**, besonders der **Sonne** sagt. Nach seiner Ansicht sind die physisch-chemischen Kräfte und die Sonne schon allein imstande, die niederen Tiere aus den in der anorganischen Materie liegenden rationes seminales hervorzubringen.[3]) Wenn auch diese Hypothese durch die neuesten Forschungen als unhalt-

---

particularis consimilis in specie naturae, cujusmodi sunt animalia, quae generantur per putrefactionem. II S. d. 8. p. I. a. 2. q. 1.

[1]) In virtute naturae est producere corpora omnium animalium, verum tamen aliter et aliter. Quaedam sunt, ad quae non sufficit (causa universalis), nisi adjuvetur ab agente consimilis speciei, sicut sunt corpora animalium, quae producuntur solummodo per propagationem. A. a. O.

[2]) Virtus, quae est partim interius partim exterius, est virtus naturae, quae exterius respectu rationum seminalium, sed interius respectu producendorum ex ipsis. Natura enim, dum operatur, immittit virtutem suam usque ad intima passi, et in illa immissione ipsam essentiam formae, quae erat in potentia incompleta, non producit, sed productam a Deo supponit, ipsam tamen adjuvando ad actum perfectum adducit. II S. d. 7. dub. 3. — Vgl. IV S. d. 43. a. 1. q. 4.

[3]) In proposito intelligendum est, quod cum in terra ita esset seminarium illud, aliquo modo concurrentibus elementis et adjuvante corpore coelesti, ut aggeneretur calor vivificus, fit quoddam semen, ita quod potentia illa activa quae prius latebat, adjuta ex actione coelestis corporis proficit et venit ad perfectionem et complementum ... Et per hunc modum intelligendum est etiam in aliis terrae nascentibus. II S. d. 15. a. 1. q. 1. — Vgl. II S. d. 8. p. I. a. 2. q. 1. — Lux corporis coelestis est principium educendi animam vegetabilem et sensibilem, quae sunt formae substantiales. II S. d. 13. a. 2. q. 2.

bar nachgewiesen ist, so hat doch die fortgesetzte Beobachtung mehr und mehr bewiesen, dafs den Gestirnen, insbesondere der Sonne, der gröfste Einflufs auf alle Zeugungen der Natur zuzuschreiben ist. Elektricität, Magnetismus und andere Momente, die mit der siderischen Bewegung in Verbindung stehen, beeinflussen nachweislich auch die Lebensprozesse. Bei den höheren Tieren spielt aufserdem die *potentia generativa* oder *formativa* (d. i. die Zeugungskraft) eine grofse Rolle.[1])

12. Vor allem aber ist es Gott, der bei der Produktion neuer Wesen mitwirkt. Wie er der Urgrund alles Seins, so ist er auch der Urgrund alles Werdens.[2]) Er ist es, der das Sein der Dinge bewirkt und jenen Urbildern verähnlicht, welche als Ideen im göttlichen Verstande liegen; von ihm sind die rationes seminales als Abbilder seiner Ideen gleich im Anfange in die Materie gelegt und entwickeln sich nach und nach unter seinem Einflusse zu den Wesensformen der Dinge. Alles, auch das Geringste, was in der Natur in irgend einer Weise zum Sein gelangt, verdankt dieses Sein der Allmacht Gottes. Aber keineswegs wird durch dieses göttliche Wirken das eigentümliche Wirken der Naturdinge beeinträchtigt; diese sind vielmehr wahre Wirkursachen, vom Heiligen deshalb »*causae secundae*« genannt.[3])

13. Auch die **Tierseele** wird durch die potentia activa hervorgebracht; sie entsteht also unmittelbar aus der ratio seminalis und nicht etwa per traducem aus einer andern Tierseele. Dies wäre schon deshalb nicht möglich, weil die Tierseele etwas Geistiges und daher nicht teilbar ist. Dementsprechend mufs auch die potentia activa, von der sie das Dasein erhält, mehr geistiger Natur sein.[4]) Doch hat die Tierseele kein selbständiges Sein,

---

[1]) Organizatio, quae competit corpori humano, quae quidem est a virtute formativa, cum seminibus delata. II S. d. 8. p. I. a. 2. q. 1.

[2]) Omnes formae sunt a Creatore, et haec positio potest dupliciter intelligi: uno modo, quod Deus sit principaliter agens et producens in omnis rei eductione et sic habet veritatem. II S. d. 7. p. II. a. 2. q. 1.

[3]) Quia Deus est causa primordialissima, ideo est influentiae maximae in causas secundas et adeo magnae influentiae, ut nec modicum seu quantumcunque parvum, dum tamen aliquo modo sit ens, procedat ab aliqua causa creata nisi *cooperante divina omnipotentia*. II S. d. 37. a. 1. q. 1.

[4]) Geistig ist hier selbstverständlich nicht im eigentlichen Sinne zu nehmen, sondern nur im Gegensatz zur krassen Materie.

sie ist vielmehr eine blofse Form, zu welcher der Leib die Materie bildet, und deshalb ist sie von diesem auch in ihrem Sein und Wirken vollständig abhängig. Ebenso hat sie mit ihm denselben Ursprung.¹) Der Leib mufs aber schon eine bestimmte Ausbildung erlangt haben, bevor die Seele aktuell mit ihm in Verbindung treten kann. Jene erste Ausgestaltung des Leibes geschieht durch die Zeugungskraft der Eltern, die Vollendung zum vollkommenen Organismus durch die Seele.²)

14. Die rationes seminales zur Bildung des menschlichen Leibes hat Gott ursprünglich dem Leibe Adams eingeschaffen, und von diesem pflanzen sie sich durch den Samen weiter fort von einem Menschen zum andern. Potentiell liegen sie im Samen und kommen zum aktuellen Sein durch die potentia *generativa*, die vom Manne und Weibe zugleich ausgeht. Die Thätigkeit beider ist aber zur Hervorbringung eines neuen menschlichen Organismus durchaus erforderlich.³) Damit verteidigt Bonaventura

---

¹) Cum anima sensibilis sit forma, non habet materiam partem sui, sed solum fit ex potentia materiae activa, quae ab agente excitatur et sic proficit, quousque fiat anima, sicut globus proficiendo fit rosa. Ad illud, quod quaeritur, quodsi (anima) est ex aliquo, quod illud est, aut spirituale aut corporale, dicendum, quod nec est materia spiritualis nec est materia corporalis, sed est quaedam potentia spiritualis, indita a Creatore materiae corporali et ei innitens et ab ea dependens. Et propterea anima sensibilis in brutis generatur et corrumpitur per transmutationem corporalis naturae. — Patet responsio, quia, cum animal generetur ab animali per propagationem, etsi non decidatur anima ab anima, sicut corpus deciditur a corpore, quia non est anima divisibilis, ut corpus, deciduntur tamen cum ipso corpore spiritus et calores et virtus etiam animalis, quae adjuvat cum virtute matricis continentis, ut illa potentia activa, quae erat in humore seminario, ad actum completum perveniat. II S. d. 15. a. 1. q. 1.

²) Et ibi (Aristoteles) videtur innuere, quod illud, quod format membra, non es aliud quam ipsa anima, et illam animam vocat potentiam activam, intrinsecam ipsi semini, quae, cum corpus ex semine productum est et organizatum, ut possit ab eadem perfici, prodit in actum, et efficitur perfectio corporis physici organici. A. a. O. Vgl. II S. d. 8. p. I. a. 2. q. 1.

³) Et pro tanto dicuntur omnes fuisse in Adam, non quia fuerit ibi totaliter materia omnium nostrorum corporum, sed quia ibi erat aliquanta materia et ratio seminalis sive potentia convertendi ad se aliam naturam, ita ut sufficeret ad omnium procreationem, addito sibi illo, in quo posset se multiplicare. II S. d. 30. a. 3. q. 1. — Ad illud, quod objicitur, quod corpus humanum est in rationibus seminalibus, jam patet responsio, quia, quamvis sit

eine Art von *Syngenese*, um einen Ausdruck der modernen Wissenschaft zu gebrauchen, d. h. die Eizelle des Mannes und die Samenzelle des Weibes konkurrieren zum Effekt in gleicher Weise. Diese Ansicht findet in neuester Zeit immer mehr Anerkennung. Für sie spricht neben vielem andern auch der Umstand, dafs beide Zellen in ihrer primitiven Anlage gleichartig sind. Andere dagegen, die Spermatisten, legen das Hauptgewicht auf die Samenzelle, während die Ovisten in der Eizelle den eigentlichen Grund der Entstehung des neuen Wesens erblicken.[1]

15. Nachdem wir im vorigen nachgewiesen, in welcher Weise nach der Lehre des hl. Bonaventura die neuen Wesen aus den rationes seminales entstehen, wird es jetzt keine Schwierigkeiten mehr machen, die wesentlichen Eigenschaften derselben festzustellen. Die rationes seminales befinden sich potentialiter in der Materie und sind dazu determiniert, durch Einwirkung eines Agens aktuell zu werden und ein neues bestimmtes Lebewesen zu produzieren. Sie können diesen Zweck nur erreichen, wenn sie selbst ein spezifisches Sein haben. Denn woher sollte das neue Wesen seine Bestimmtheit erhalten, wenn die Form, die das Sein vermittelt, derselben entbehrte? Jeder Species entspricht also eine specielle ratio seminalis; so viele Species, so viele rationes seminales.[2] Die ratio seminalis schliefst aber nicht die Form des Ganzen in sich, denn es handelt sich nicht um die metaphysische, sondern um die physische Form, und diese ist

---

ibi, nunquam tamen educitur, nisi concurrat virtus agentis exterioris, quae residet in lumbis viri et in matrice mulieris et ideo sine his nunquam potest illa ratio seminalis ad actum perfectum perduci. II S. d. 8. p. I a. 2. q. 1.
— Necesse est ad generationem aliquas particulas tam e muliere quam a viro decidi, in quibus esset virtus et ratio seminalis respectu corporis propagandi. II S. d. 20. q. 2.

[1] Vgl. Pesch, Welträtsel. I. B. S. 731 und 732.
[2] Si tu objicias, quod anima (sc. animalium), quae est in potentia, non habet speciem nec actum completum a se, nec potest habere ab aliquo, quod non sit ita nobile, sicut ipsa, et nullum tale est corporale; dicendum, quod essentia talis speciei est in materia, sed in potentia; et illa essentia est ita determinata ad formam talis speciei producendam, quod non potest ex illa essentia sive ratione seminali alia educi, et cum in actum educta est, habet esse et habet *tale esse* . . . Quod autem sit *talis speciei*, hoc habet ab eo, qui primo hujus formae essentiam indidit materiae; alioquin nunquam natura ipsam ad esse produceret, nisi Deus ipsam materiae indidisset. II S. d. 15. a. 1. q. 1.

eine Teilform, der eine konstitutive Teil des Kompositums; als Teilform ist sie auch eine inkomplete Form, die erst durch die Verbindung mit dem andern Wesensprinzip, mit der Materie, die neue Substanz konstituiert und dadurch komplet wird.[1]) Als Teilform hat die ratio seminalis ferner ein *partikuläres* Sein, das ihr schon deshalb zukommt, weil sie schon vor ihrer Aktualisierung realiter in dem Stoff existiert.[2])

16. Als spezifische Formen können die rationes seminales verschiedene Verbindungen eingehen, und nur in dieser Beziehung können sie als *universell* bezeichnet werden, also nicht im eigentlichen, sondern im weiteren Sinne.[3]) Es giebt nämlich ein dreifaches Universale: ein Universale in *causando*, wenn eine verursachende Kraft sich auf viele Dinge erstreckt, auf diese Weise ist Gott ein Universale; ein Universale in *repraesentando*, das sind die allgemeinen Vorstellungen, deren jede auf viele Einzeldinge sich bezieht; und ein Universale in *essendo* (auch metaphysicum genannt), das auf die Wesenheit der Dinge geht.[4]) Die ratio seminalis ist ein Universale in causando (radicatione), sie ist die Wurzel, aus der viele Dinge entstehen können, wie die materia prima in ihrer Art das Substrat aller Dinge ist.[5])

---

[1]) »Universale est semper et ubique;« sed ratio seminalis respicit hanc materiam, in qua fundatur determinate; ergo ratio seminalis non potest esse forma universalis. II S. d. 18. a. 1. q. 3.

[2]) Illud est ratio seminalis alicujus, quod ante praeexistit in materia, quam sit res completa in actu. A. a. O.

[3]) Es ist nicht ganz genau, wenn Stoeckl (Geschichte der Philosophie des Mittelalters, Mainz 1865, II B. S. 889) von der ratio seminalis sagt: »Sie ist die Form des Gegenstandes. Wie also die Form in ihrem Ansichsein universell, in ihrer Verbindung mit der Materie dagegen etwas Singuläres, Individuelles ist, so verhält es sich auch mit der ratio seminalis.«

[4]) In Hexaëm. S. IV giebt Bonaventura für das Universale folgende Einteilung, die der oben angegebenen vollständig entspricht: Dico quod est universale unum *ad* multa, unum *in* multis, unum *praeter* multa. Das erste Glied gilt von der ratio seminalis, wie der Heilige selbst erklärt: Unum ad multa est in potentia materiae, quod non est completum. Unter dem unum in multis ist das eigentliche Universale zu verstehen.

[5]) Formam vero partis, quae in genere non habet esse nisi per reductionem, non est dicere proprie universalem; potest tamen aliquo modo dici universalis *radicatione*, cum illa est indifferens ad multa, quae possunt fieri ex ipsa; sicut causa dicitur esse universalis, quia potest in multa. Et sic illa potentia activa, quae est in materia, quae dicebatur ratio seminalis, potest dici

17. Der hl. Bonaventura unterscheidet rationes seminales im eigentlichen und im weiteren Sinne. Zu den ersteren gehören jene, die im Samen liegen und zwar in der Weise, dafs unmittelbar aus ihnen die aktuellen Formen hervorgehen, wie aus der ratio seminalis des menschlichen Samens ohne weiteres der menschliche Körper entsteht. Rationes seminales im weiteren Sinne heifsen jene, die erst mehrere Wandlungen durchmachen müssen, bis sie zu der Form gelangen, die das intendierte Wesen aus sich produziert; sie stehen nur in entfernterer Beziehung zu den produzierenden Formen. Der seraphische Lehrer führt selbst folgendes Beispiel an: Aus der Nahrung, die der Mensch zu sich nimmt, bildet sich nach und nach durch verschiedene Zwischenglieder der Same, aus dessen ratio seminalis der menschliche Körper eduziert wird.[1]) Wie wir uns diese Wandlungen der rationes seminales zu denken haben, dafür giebt Petrus a Tarantasia, der in dieser Lehre mit Bonaventura übereinstimmt, ein sehr treffendes Beispiel. In dem Samen eines tierischen Organismus, so sagt er, erscheint die ratio seminalis zunächst als Milch, dann als Blut, dann als Fleisch, dann als Embryo und zuletzt als vollkommenes Tier.[2]) Es entwickelt sich dieselbe also vom Unvollkommenen und Unbestimmten zum Vollkommenen und Bestimmten; und gerade in dieser ursprünglichen Indifferenz und

universalis, non *proprie*, secundum quod universale consideratur a metaphysico, sed *large*, ut dicat quandam principii indifferentiam, quam etiam considerat physicus. II S. d. 18. a. 1. q. 3.

[1]) Sed attendendum est, quod illa potentia naturae ad effectus istos aut est *propinqua* et sufficiens, sicut est in semine deciso a lumbis ad generationem humani corporis; et sic dicitur *proprie* habere in se rationem seminalem; aut est *remota* et insufficiens, sicut est in pane vel in alimento, ut ex eo fiat homo; et sic nimis proprie dicitur esse ibi ratio seminalis ... Quod autem sic est in remota dispositione respectu effectus, aut perducitur ad illum effectum *mediantibus* illis, ad quae habebat ordinem immediatum, aut immediate. Si *mediate*, tunc potest dici, quod effectus ille sit secundum rationem seminalem, utpote si panis comedatur et digeratur et convertatur in humorem, et postmodum in lumbis convertatur in semen, deinde in hominem, II S. d. 18. a. 1, q. 2.

[2]) Sicut ratio seminalis, quae est in semine animalis alicujus, primo habet esse quasi lactis, deinde quasi sanguinis, deinde carnis, deinde embryonis, deinde perfecti animalis, et a principio indistincta, per diversa postmodum distinguibilis. II S. d. 18. q. 1. a. 3.

Potentialität tritt ihre Ähnlichkeit mit dem Universale hervor, sie ist aber durchaus nicht universell im eigentlichen Sinne, sondern vielmehr partikulär.[1]) Was hier über die Transformation der ratio seminalis im tierischen Samen gesagt wird, stimmt ganz mit dem überein, was Gelehrte der neueren Zeit bezüglich der embryonalen Entwickelung bei den Tieren konstatiert haben, dafs diese nämlich aus allgemeinen Verhältnissen in besondere übergeht.[2])

18. Nur an einer Stelle seines Kommentars zu dem Lombarden (II S. d. 18. a. 1. q. 3. ad b.) gelegentlich der Beantwortung einer Objektion scheint Bonaventura von seiner Ansicht, dafs die ratio seminalis eine spezifische und partikuläre Form sei, abzuweichen. In diesem Einwurf wird nämlich behauptet, dafs die ratio seminalis als universelle Form betrachtet werden müsse, und diese Thesis auf folgende Weise begründet. Bei der Generation geht eine Form in die andere über, z. B. die Form der Luft in die des Feuers. Eine solche Transformation könne nur vor sich gehen, wenn die erstere Form eine universelle sei; denn sonst müfsten ja beide Formen der Zahl nach eins sein. So nehme also von einer allgemeinen Form die Generation ihren Anfang, was aber die Generation veranlasse, sei die ratio seminalis; demnach müsse diese eine forma universalis sein. Die Antwort des Heiligen auf diese Objektion lautet: »Concedo enim, quod potentia illa activa non est forma singularis nec ignis nec aëris, sed est *indifferens* ad utrumque; et ideo ex illa quaelibet earum potest educi, et in illam quaelibet earum habet resolvi; et illa dici potest ratio seminalis.« Nach dieser Darstellung sind in der ratio seminalis alle möglichen Formen enthalten, so dafs jede beliebige daraus hervorgehen kann, sowohl die der Luft als die des Feuers. Hier kann offenbar ratio seminalis nicht in dem gewöhnlichen Sinne genommen werden; denn sonst würde Bonaventura mit sich selbst in Widerspruch treten, was doch nicht anzunehmen

---

[1]) Si forma universalis dicatur proprie, secundum quam res est ordinabilis in genere, quam metaphysicus habet considerare, ratio seminalis non est forma universalis. Si autem dicatur forma universalis forma existens secundum esse incompletum in materia et indifferens et possibilis ad multa producenda, sic potest dici ratio seminalis forma universalis. II S. d. 18. a. 1. q. 3.

[2]) Vgl. v. Baer, Studien aus dem Gebiete der Naturwissenschaft. II B. S. 426 ff: »Die Entwickelung eines Individuums im Tierreiche geht von den allgemeinen Charakteren einer gröfseren Gruppe zu den spezielleren und speziellsten über.«

ist. Vielleicht ist hier ratio seminalis gleichbedeutend mit seminarium, das als unum in materia vom Heiligen selbst bezeichnet die Formen aller Dinge in sich enthält. Vielleicht ist auch dabei an die *vis obedientialis* zu denken, welche jenen Dingen zukommt, die wohl an und für sich eine potentia activa haben und damit zugleich die Möglichkeit, neue Wesen zu produzieren, bei denen aber diese potentia nicht zur Geltung kommt, weil nicht auf natürliche Weise, sondern durch Gott selbst die Wirkungen gesetzt werden. Diese Dinge verhalten sich den Wirkungen gegenüber indifferent, sie zeigen nur eine potentia obedientiae. Wollen wir diese als ratio seminalis bezeichnen (was wohl auch Bonaventura thut), so ist letztere empfänglich für alle mögliche Formen; und so können ganz verschiedene Formen aus ihr eduziert werden, weil sie eben unmittelbar von Gott kommen und nicht aus der potentia activa. So kann man von der Rippe Adams, wenn sie auch die potentia activa zu einer bestimmten Form in sich schloss, sagen, dafs sie zunächst empfänglich für verschiedene Formen war, insofern Gott aus ihr alle möglichen Wesen bilden konnte. Ihre Empfänglichkeit beruhte auf der potentia obedientialis, die wir wohl auch als ratio seminalis bezeichnen können, weil ihr die Rippe mit ihrer potentia activa als Substrat diente. Insofern war sie auch ratio seminalis von Evas Leib, den Gott aus der Rippe bildete.[1]) Also als potentia obedientialis cum sua vi activa im angegebenen Sinne könnte wohl ratio seminalis an der oben angeführten Stelle aufgefafst werden.

19. Die Lehre von den rationes seminales, wie sie Bonaventura vorträgt, ist wohl imstande, uns den Vorgang der Generation einigermafsen klar zu machen und über die Eduktion der Form aus der Materie einiges Licht zu verbreiten. Die Generation eines Dinges geht in der Weise vor sich, dafs der Stoff durch eine neue Form zu einem andern Körper bestimmt wird. Wenn wir nun nicht zugeben wollen, dafs die Form aus nichts hervorgebracht wird, dann wird die Entstehung derselben am einfachsten durch die Annahme erklärt, sie sei schon vorher im Stoffe ent-

---

[1]) Cum ergo quaeritur, utrum corpus mulieris fuerit in costa seminaliter dicendum, quod, si proprie accipiatur ratio seminalis, non; si autem accipiatur large pro quacunque potentia activa existente in materia, sic potest dici in costa fuisse ratio seminalis. II S. d. 18. a. 1. q. 2.

halten und trete bei der Neubildung des Körpers aktuell hervor. Das ist die Bedeutung der ratio seminalis. Diese Erklärung ist fafslicher und anschaulicher als die andere des hl. Thomas, dafs die Form durch die Naturkräfte aus dem Stoffe, der zu ihr in Potenz ist, herausgeführt werde und in Abhängigkeit von demselben entstehe. Denn es ist schwer einzusehen, wie die Naturkräfte neue Formen hervorbringen können, wenn sie auch in Verbindung mit der Materie wirken. Trotzdem bietet die Theorie des doctor seraphicus in anderer Beziehung grofse Schwierigkeiten, die kaum zu lösen sind. Wir wollen hier nur einige namhaft machen. Ist die Form schon in der Materie vorhanden, wenn auch nur unvollkommen und potentiell, so kann es für sie kein Werden geben; sie kann nicht entstehen, sondern nur aus der Materie hervorgehen — die Zeugung ist in diesem Falle nur Entwickelung. Die rationes seminales sollen die Materie tauglich machen, auf bestimmte Bedingungen hin sich zu einem lebendigen Organismus zu entwickeln. Allein die unorganische Materie kann dazu gar nicht fähig sein, da zur Entwickelung eines organischen Wesens immer schon eine organische Materie vorausgesetzt wird. Eine virtus seminalis kann in keiner Materie liegen, die aller und jeder Organisation entbehrt. Zudem bestehen die Organismen aus vielen und verschiedenen elementaren Stoffen. Nehmen wir also beispielsweise für ein bestimmtes Lebewesen eine ratio seminalis an, so mufs diese für alle elementaren Stoffe, aus welchen dieses Lebewesen sich bildet, ein und dieselbe sein. Mehrere Stoffe, die mit einander noch gar nicht verbunden sind, müssten also für die Entwickelung jenes einen Lebewesens durch eine ratio seminalis veranlagt sein. Aber wie sollte das bei räumlich ganz getrennten Stoffen möglich sein?[1])

3. Erschaffung der Naturwesen.

§ 10.

1. Wir haben im vorigen Abschnitt nachgewiesen, dafs nach der Lehre der hl. Bonaventura neue Wesen dadurch entstehen, dafs durch Vermittelung der rationes seminales neue Formen eduziert werden. Es entsteht nun die Frage, ob es im Anfange

---
¹) S. Stoeckl, Handbuch der Philosophie. II B. S. 249.

auch so war, als Gott die Dinge schuf. Legte Gott zuerst in die geschaffene Materie die rationes seminales und liefs er dann aus ihnen die Formen der Naturwesen hervorgehen, so dafs diese nur nach und nach aus der Materie sich entwickelten, oder liefs er sie als fertige ins Dasein treten? Mit anderen Worten: Schuf er die Formen **zugleich** mit der Materie? Das letztere lehrt der hl. Thomas mit den Worten: In prima corporalis creaturae productione non consideratur aliqua transmutatio de potentia in actum, et ideo formae corporales, quas in prima productione corpora habuerunt, sunt *immediate a Deo productae,* cui soli ad nutum obedit materia tanquam propriae causae.[1]

2. Der hl. Bonaventura, auf die Worte der hl. Schrift: »Die Erde war wüst und leer«, sich stützend, ist der Meinung, Gott habe zunächst eine **unvollkommene** und **gestaltlose** Materie geschaffen. Darunter ist aber nicht die *materia prima* zu verstehen; diese hat keine Form, während jene nicht ganz der Form entbehrte, nur hatte sie keine **bestimmte** Form, durch die sie in ihrem Sein vollendet war; sie war vielmehr disponiert zu weiteren Formen und zwar an verschiedenen Stellen zu verschiedenen Formen, wie etwa ein Körper an dem einen Teile dünn, an dem anderen dicht ist, ohne gerade selbst verschiedene Formen zu haben. Die Materie war aber nicht imstande, diese Formen selbst hervorzubringen; das konnte nur durch göttliche Kraft geschehen. Aufserdem war sie ohne jede Ordnung, unsichtbar, insofern sie keine bestimmte Form hatte, und doch zeigte sie eine gewisse Ausdehnung und Körperlichkeit. Genug, die Schilderung, wie sie der Heilige von jener unförmlichen Materie uns giebt, ist in so allgemeinen und dunkeln Ausdrücken gehalten, dafs es kaum möglich ist, sich etwas Bestimmtes darunter zu denken. Er gesteht das selbst ein, indem er seine Schilderung mit den Worten schliefst, es sei äufserst schwierig, sich von dieser gestaltlosen Materie eine klare Vorstellung zu machen, noch schwieriger, dafür den richtigen sprachlichen Ausdruck zu finden.[2]

[1] S. th. p. 1. q. 65. a. 4.
[2] Et ideo alius modus dicendi rationabilior, quod materia illa producta est sub aliqua forma, sed illa non erat forma completa nec dans materiae esse completum, et ideo non sic formabat, quin adhuc materia diceretur *informis* nec appetitum materiae ideo finiebat, quin materia adhuc alias formas appe-

Mehrere dieser Eigenschaften, die jener Materie beigelegt werden, z. B. dafs sie eine inkomplete, unbestimmte Substanz war, werden auch von der materia prima prädiziert, hier natürlich in anderem Sinne.

3. In diese gestaltlose Materie, so lehrt Bonaventura weiter, legte Gott das seminarium mit den rationes seminales, aus denen dann nach und nach alle Dinge hervorgingen. Diese wurden also nicht auf einmal von Gott aus nichts erschaffen, sondern sie entwickelten sich in einer bestimmten Reihenfolge vermittelst der rationes seminales aus der Urmaterie. Diese Reihenfolge wird durch die sechs Schöpfungstage angedeutet.[1]

4. Nur die menschlichen Seelen werden nicht aus den rationes seminales eduziert, weder im Anfange bei der Creation der ersten Menschen, noch später bei der Generation neuer Men-

teret, et ideo dispositio erat ad formas ulteriores, non completa perfectio. Et quoniam ad multas formas materia informis appetitum et inclinationem habebat, ideo, quamvis illa forma non haberet in se naturas diversas, tamen materia in diversis suis partibus quandam *diversitatem imperfectam* habebat, non ex diversis actibus completis, sed magis ex appetitibus ad diversa, et ideo *permixta* dicitur et *confusa* ... Illa materia sub tali forma *incomposita* erat et *invisibilis*, et ad formas subsequentes sola divina virtute et operatione poterat perduci. Et ideo propter imperfectionem formae illius materia illa dicitur *informis* et propter indeterminatum appetitum multarum formarum *confusa* dicitur et *permixta*. Materia illa non sic erat corporea, quod esset completa in genere corporum, sed sic habebat *extensionem* et *corporeitatem*, quod non habebat perfectam formae actualitatem. II S. d. 12. a. 1. q. 3.

[1]) Aliter nunc producuntur (animae brutorum) ex illo seminario et aliter in primordio, quia nunc producuntur ex seminario praeexistente secundum sufficientem actualitatem; in primordio vero productae sunt simul cum illo seminario, vel si seminarium illud aliquo modo praeexistit ante diem quintum, in quo facta est productio animalium, in die quinto ad completam rationem eductum, ita quod data est virtus activa naturae, ut posset deinceps animalia quantum ad corpus et quantum ad animam propagare et multiplicare. Dicendum est, animas sensibilium animalium in primordio non esse creatas ex nihilo, habuerunt enim *sementivum principium*, ex quo productae sunt. II S. d. 15. a. 1. q. 1. Eine ähnliche Ansicht vertritt Ulrici (Gott und die Natur, S. 289. f.): »Die Lebenskraft an einen besondern (vielleicht in der Luft oder im Wasser verteilten) Stoff gebunden habe von Anfang an dem Erdkörper inne gewohnt, sie sei dann, nachdem auf einer bestimmten Stufe der geologischen Entwickelung des Erdkörpers die Bedingungen für ihre Wirksamkeit eingetreten, in Thätigkeit übergegangen, und damit seien die ersten diesen Bedingungen entsprechenden Organismen entstanden.«

schen; sie werden vielmehr unmittelbar von Gott geschaffen. Freilich erhielt schon bei der Erschaffung Adams die erste Seele eine spezifische Form, die für alle späteren mafsgebend sein sollte; aber diese Form pflanzt sich nicht durch Generation fort, sondern jede einzelne Seele wird als solche von Gott dem aus der betreffenden ratio seminalis hervorgegangenen Leibe eingeschaffen.[1]) Nach dieser Auffassung hat die Seele auf die erste Bildung des Leibes keinen direkten Einflufs; nicht sie gestaltet sich ihren Leib, sondern dieser entwickelt sich aus der ratio seminalis, hat also von Anfang an, weil von einer eigenen Form belebt, ein selbständiges Sein, wie denn auch die Seele, wenn sie dem Leibe eingeschaffen wird, als selbständiges Wesen mit ihm in Verbindung tritt, weil sie nach der Lehre des hl. Bonaventura eine eigene Materie hat.[2])

4. Pluralität der Formen in gemischten Körpern.

§ 11.

1. Wie die übrigen Scholastiker, so nimmt auch auch Bonaventura die bekannten vier Elemente an, aus denen die Körper sich bilden. Da alles, was ein selbständiges Sein ist, auch seine substantielle Form hat, so haben sowohl die elementaren als auch die gemischten Körper ihre besonderen Formen. Die ersteren nennt der Heilige *formae elementares* oder *simplices*, die andern *formae mixtionis* oder *compositae*.[3]) Es fragt sich nun: Wenn aus den Elementen das Kompositum entsteht, bleiben dann jene *substantiell* in der Mischung oder verlieren sie ihr Sein? Können in einem Wesen aufser der Wesensform noch andere substantiale Formen vorkommen? Bonaventura ist wohl im allgemeinen der

---

[1]) Quae successione producuntur, quaedam fuerunt in prima dierum distinctione producta in *simili*, sed *non in ratione seminali*, utpote animae rationales, quae scilicet producuntur per creationem, et ideo non habent rationem seminalem; in simili tamen productae sunt, quando producta fuit anima Adae, post cujus productionem non producitur nova species, quamvis producantur nova individua. II S. d. 15. a. 2. q. 3. — Animae non seminantur, sed *formatis* corporibus a Deo creantur et creando infunduntur et infundendo producuntur. II S. d. 18. a, 2. q. 3.
[2]) S. § 12. n. 2 und 3.
[3]) Vgl. II S. d. 7. p. 1. a. 2. q. 1. und II S. d. 12. a. 1. q. 3.

Ansicht, dafs zu jeder Substanz auch nur eine komplete Wesensform gehört.[1]) Die Substanz erhält eben ihr bestimmtes Sein und ihre Vollendung durch die Wesensform; sie wäre nicht mehr ein Sein, wenn sich in ihr mehrere Formen geltend machten. Und doch scheint es, als ob der hl. Lehrer unter Umständen eine Pluralität der Formen in einer Substanz zuläfst, so zwar, dafs die eine von ihnen als Hauptform, die anderen als mehr untergeordnete und unvollkommene, aber doch substantiale Formen gelten.[2])

2. Pfeifer rechnet deshalb den hl. Bonaventura zu jenen Autoren, die das substantielle Beharren der Elemente in den Mischungen gelehrt haben,[3]) wie uns scheint mit Recht, wenn auch Wieser in seiner Kritik der Pfeiferschen Schrift dagegen geltend macht, dafs die in dieser aus Bonaventuras Werken angeführten Stellen zu keinen ganz sicheren Schlüssen berechtigen.[4]) Freilich geben diese Stellen keine volle Gewifsheit, aber sie machen die Sache doch wahrscheinlich.

3. Pfeifer beruft sich zur Begründung seiner Ansicht auf zwei Quästionen im Kommentar des Heiligen zu den Sentenzen des Lombarden, welche die Frage behandeln, 1) ob die Tierleiber aus vier Elementen zusammengesetzt, und 2) ob in den Tierleibern die passiven Elemente (Erde und Wasser) oder die aktiven (Feuer und Luft) vorherrschend seien.[5]) Die erste Frage bejaht der seraphische Lehrer, ohne sich weiter darüber auszusprechen, wie die Elemente in den Körpern der Tiere sind. Wir können das Wie aber erschliefsen aus einigen Objektionen, deren Beantwortung die Annahme supponiert, dafs die Elemente substantiell im Kompositum beharren. So heifst es in der einen Objektion: »Wenn die Tierleiber aus den vier Elementen zusammengesetzt sind, so scheint deren Vereinigung eine gewaltsame (per violentiam) zu sein, da die Elemente in ihrem freien Zustande in verschiedenen Sphären sich befinden.« Damit soll doch gesagt

---

[1]) Unius perfectibilis una sola est perfectio. II. S. d. 8. p. II. q. 1.
[2]) Vgl. II S. d. 12. a. 1. q. 3, und II S. d. 13. a. 2. q. 2.
[3]) Die Kontroverse über das Beharren der Elemente in den Verbindungen von Aristoteles bis zur Gegenwart, Dillingen 1879.
[4]) Vgl. Zeitschrift für katholische Theologie, Innsbruck, IV Jahrg. S. 152.
[5]) II S. d. 15. a. 1. q. 2. und 3.

sein, dafs die Elemente in ihrem naturgemäfsen Zustande von einander gesondert und in ihrer eigenen Sphäre existieren. Wenn sie nun in den Tierleibern vereinigt werden, kommen sie dadurch in einen naturwidrigen oder gewaltsamen Zustand. Die Antwort auf diese Objektion lautet: »Die Entstehung der Tierkörper aus den vier Elementen ist nicht so vorzustellen, als ob bei der Erschaffung der Tiere der Schöpfer die vier Elemente aus verschiedenen Sphären (Orten) hatte zusammenkommen und im Tierkörper sich vereinigen lassen, sondern der Schöpfer hat aus dem an irgend einem Orte vorhandenen Stoff ohne Zuhülfenahme räumlicher Bewegungen Tierkörper, welche aus den vier Elementen zusammengesetzt sind, geschaffen.« Soll diese Einwendung und ihre Auflösung einen vernünftigen Sinn haben, dann mufs das substantielle Beharren der Elemente in den Tierkörpern vorausgesetzt werden. Denn wie kann von einem gewaltsamen Zustande der Elemente die Rede sein, wenn diese im Kompositum nicht substantiell vorhanden sind? Andernfalls hätte der Heilige die Resolution einfach mit den Worten geben können: »Die Elemente sind im Tierleibe nicht mehr substantiell enthalten und können daher nicht in einem gewaltsamen Zustande sein.«

4. Die zweite der oben gestellten Fragen beantwortet Bonaventura in folgender Weise: »Von den vier Elementen sind die zwei passiven (Erde und Wasser) in den Tierkörpern vorherrschend hinsichtlich der Quantität der Masse, die zwei andern aktiven Elemente (Feuer und Luft) sind vorherrschend hinsichtlich der Quantität der Kraft.«[1]) Ist nicht in diesen Worten implicite enthalten, dafs die Elemente in den Tierleibern beharren? Hierfür spricht auch der Grund, den der seraphische Lehrer für die Behauptung angiebt, dafs die aktiven Elemente in tierischen Körpern nicht prädominieren dürfen; es würden dann nämlich die passiven Elemente aufgezehrt werden. Wenn nun weiter behauptet wird, dafs dieses nicht geschieht, so ist doch damit ausgesprochen, dafs der Unterschied, bezw. Gegensatz zwischen beiden

---

[1]) Ita, quod vigorem habeant et agilitatem ex aëre et igne, soliditatem vero habeant ex dominio aquae et terrae secundum quantitatem. Die letzten Worte treffen mit der modernen Physiologie und Chemie insofern zusammen, als diese Wissenschaften uns lehren, dafs die Knochen der Tiere aus Kalk und andern erdigen Stoffen bestehen. (Pfeifer.)

Arten auch im tierischen Körper noch fortbesteht, woraus dann wieder folgt, dafs die Elemente in diesem substantiell beharren müssen. Denn wie könnte man sonst von einem Unterschied derselben im tierischen Organismus sprechen?[1])

5. Wir können diese von Pfeifer aus dem Kommentar des Heiligen entlehnten Stellen noch um andere vermehren, welche sich noch einfacher zu Gunsten der Beharrungstheorie deuten lassen. In der zuletzt herangezogenen Quaestio, die überhaupt für die vorliegende Frage von der gröfsten Wichtigkeit ist, heifst es: »Die geistigen Wesen zeichnen sich besonders durch ihre verschiedenartigen Thätigkeiten aus; je vollkommener das geistige Wesen, desto mannigfaltiger seine Thätigkeiten. So zeigt die Tierseele, der die Geistigkeit[2]) in hohem Grade zukommt, die verschiedenartigsten Thätigkeiten; aber auch der Leib ist als ihr Werkzeug zur Ausführung der mannigfachsten Operationen geeignet.« Der hl. Bonaventura führt diese verschiedenen Thätigkeiten des Körpers auf verschiedene Kräfte und diese auf verschiedene Naturen im Körper zurück. Er läfst sich darüber also vernehmen: »Anima sensibilis est forma valde spiritualis, ergo est principium multiplicis operationis. Sed corpus datum est ad subministrandum ei, ergo necesse est, quod corpus sit aptum et idoneum ad diversas operationes, sed non est aptum ad diversas operationes nisi per diversas virtutes, nec ad diversas virtutes nisi per diversas *naturas*, nec habet diversas naturas, nisi quia a diversis compositum.«[3]) Die verschiedenen Naturen weisen auf die verschiedenen Bestandteile hin, aus denen der Körper zusammengesetzt ist, was auch durch die Worte »quia ex diversis compositum« ausgedrückt wird. Der Körper des Tieres ist aber nach Bonaventuras Ansicht, wie wir soeben gehört haben, aus den vier Elementen zusammengesetzt, die also auch in der Mischung noch vorhanden sein müssen, da auf sie die verschiedenen Kräfte des Körpers zurückgeführt werden. Ist diese Erklärung richtig, dann ist das ein Beweis dafür, dafs der Heilige der Beharrungstheorie huldigt. Freilich spricht er an dieser Stelle auch von einer Alteration

---

[1]) Pfeifer, a. a. O. S. 16. und 17.
[2]) Geistigkeit ist hier im weiteren Sinne zu nehmen, im Gegensatz zur krassen Materie.
[3]) II S. d. 15. a. 1. q. 2.

der Elemente in der Mischung, aber diese betrifft nicht das Sein derselben, sondern ihre ursprüngliche Thätigkeitsweise, die durch die Verbindung eine andere geworden ist.

6. An dem menschlichen Körper rühmt der seraphische Lehrer besonders die Gleichförmigkeit und Harmonie; dadurch habe derselbe grofse Ähnlichkeit mit den Himmelskörpern. Diese Harmonie gründet er darauf, dafs die vier Elemente, aus denen jeder Körper zusammengesetzt ist, proportionell verteilt sind, und dafs die Formen, die in ihm sich geltend machen, in der rechten Ordnung zu einander stehen. Die höhere Form nimmt die niedere in sich auf, die forma mixtionis die Elementarform, die durch jene auch mit der Seele in Verbindung tritt. Die Seele wiederum beherrscht als forma complexionis das Ganze, also auch die andern Formen. So ist es die Seele, der die andern Formen untergeordnet sind, und durch welche die Ordnung und Harmonie im letzten Grunde aufrecht erhalten wird.[1]) Hören nun etwa durch die Vereinigung der niederen Formen mit den höheren jene ganz auf? Gewifs nicht, dann würden sie ja ganz verschwinden, und doch soll die Harmonie des Leibes auf der rechten Ordnung der Formen beruhen. Wie ist das aber möglich, wenn diese selbst nicht mehr substantiell vorhanden sind? Also verbleiben die Formen ihrem Sein nach im Leibe.

7. Ganz ähnlich spricht sich Bonaventura über die verklärten Leiber der Seligen aus: »Elementa manent in corpore illo (glorioso) secundum substantiam et qualitates et operationes.«[2]) Also beharren die Elemente ihrer Substanz nach selbst in den Leibern der Verklärten; wird das nicht auch bei den irdischen Leibern der Fall sein? Ja, der Heilige sagt allgemein, dafs die Formen der Elemente *incorruptibel* sind, und dafs die Elemente ihrer Substanz nach für immer fortbestehen, auch am Ende der Welt nicht

---

[1]) Etsi natura coelestis sit excelsior inter corpora simplicia secundum se considerata, non tamen excellit in gradu in comparatione ad ulteriorem formam suscipiendam; sed is est ordo, quod forma elementaris unitur animae mediante forma mixtionis et forma mixtionis disponit ad formam complexionis. Et quia haec, cum est in aequalitate et harmonia, conformatur naturae coelesti; ideo habilis est ad susceptionem nobilissimae influentiae, scilicet vitae. Et sic in unione animae ad corpus rectus servatur ordo. II S. d. 17. a. 2. q. 2.
[2]) IV S. 5. 49. a. 2. sect. 1. q. 1.

zu grunde gehen werden aus dem einfachen Grunde, weil es einfache Körper sind, die sich nicht auflösen lassen. »Formae elementorum, so lauten seine Worte, *incorruptibiles* sunt secundum totum et secundum partem, quantum est in se, quia sunt corpora *simplicia*,«[1]) und: »Omnia elementa secundum *substantiam* remanebunt, sed quantum ad qualitates innovabuntur.«[2]) Wenn nun die Elemente überhaupt nicht ihr substantielles Sein verlieren können, nicht einmal am jüngsten Tage bei der Neugestaltung der Erde, wenn sie höchstens bezüglich ihrer Qualitäten sich ändern: dann werden sie wohl auch unversehrt in den irdischen gemischten Körpern bleiben.

8. Dieselbe Ansicht trägt der Heilige in der Lehre vom **Licht** vor. Nach ihm ist das Licht eine *substantiale* Form. Wenn sich dasselbe in einem Körper mit der Form desselben verbindet, so wird es nicht selbst etwa durch diese Form vervollkommnet, sondern umgekehrt durch die Verbindung mit dem Licht wird jene Form nicht nur erhalten, sondern sie gewinnt in dem Grade, wie sie an der Form des Lichtes teilnimmt, an **Wirksamkeit** und **Würde**.[3])

Es ist für die Sache selbst gleichgültig, ob die Auffassung Bonaventuras bezüglich der Natur des Lichtes richtig ist oder nicht; worauf es uns hier ankommt, wird durch das Angeführte zur Genüge erhärtet: Es können nach der Ansicht des seraphischen Lehrers in ein und demselben Körper mehrere substantiale Formen neben einander bestehen — hier das Licht als substantiale Form neben der Form des Körpers, mit dem es sich verbunden hat.

9. Ist nicht diese Lehre Bonaventuras auch implicite in jener

---

[1]) IV S. d. 48. a. 2. q. 4.
[2]) A. a. O. q. 3.
[3]) Forma lucis, cum ponitur in eodem corpore cum alia forma, non ponitur sicut dispositio imperfecta, quae nata sit perfici per ultimam formam, sed ponitur tanquam forma et natura omnis alterius corporalis formae conservativa et dans ei agendi efficaciam, et secundum quam attenditur cujuslibet formae corporalis mensura in dignitate et excellentia. II S. d. 13. a. 2. q. 2 — Ad illud, quod objicitur, quod forma ultima et completiva, quod hoc est verum respectu formarum, quae disponunt ad ipsam, lux autem potius est forma perficiens alias formas corporales, quam ad eas disponens, cum secundum ejus participationem majorem et minorem formae corporales sint magis et minus completae. II. S. d. 14. p. II. a. 2. q. 2.

andern enthalten, dafs die menschliche Seele erst mit dem organisierten Leibe in Verbindung tritt?[1]) Seele und Leib haben ihr bestimmtes Sein, wenn sie sich mit einander vereinigen; denn sie sind zwei selbständige, komplete Substanzen, da sie beide aus Form und Materie bestehen. Durch ihre Vereinigung entsteht ein einheitliches Wesen. In welchem Verhältnis stehen jetzt aber die Komponenten zu einander? Die Seele ist auch nach Bonaventuras Auffassung die Wesensform des Leibes.[2]) Demnach kann die forma corporis nicht mehr in ihrer Aktualität und Kompletheit fortbestehen, wohl aber als untergeordnete, inkomplete Form. Denn nach der Ansicht des Heiligen geht keine Wesensform bei der substantialen Veränderung des Körpers zu grunde; sie tritt nur in die Potentialität zurück.[3]) Vom Standpunkte des seraphischen Lehrers aus läfst sich gegen diese Argumentation nichts einwenden.

10. Ganz besonders führt die Lehre von den rationes seminales konsequenter Weise zur Annahme von mehreren Formen in einer Substanz. Die rationes seminales sind im Sinne Bonaventuras, wie wir oben nachgewiesen haben,[4]) inkomplete Formen, die ein gewisses selbständiges Sein haben. Keimartig liegen sie in der Materie und treten aktuell hervor, wenn die alte Wesensform durch Korruption des Körpers schwindet; sie sind also als substantiale Formen anzusehen, die der Wesensform untergeordnet ein potentiales Sein in dem Körper haben.

11. Auch das wollen wir noch erwähnen, dafs Alexander von Hales, dem Bonaventura fafst in allen wichtigen Fragen folgt, ebenfalls »die Beharrungstheorie« begünstigt. So sagt er: »Anima non est ibi proprie actus materiae, sed actus naturalis corporis *completi* in forma naturali, quae forma dicitur *forma corporalis*.[5]) Haben wir da nicht Grund anzunehmen, Bonaventura

---

[1]) Licet anima rationalis compositionem habeat ex materia et forma, appetitum habet ad perficiendam corporalem naturam, sicut corpus organicum ex materia et forma compositum est, et tamen habet appetitum ad suscipiendam animam, II S. d. 17. a. 1. q. 2.
[2]) Vgl. § 13.
[3]) Vgl. § 9. n. 8.
[4]) Vgl. § 9.
[5]) S. p. II. q. 63. m. 4. solut. obj.

werde in der angeregten Frage, über die er sich nicht ganz bestimmt ausspricht, der Meinung seines Lehrers gewesen sein?

12. Nach der Lehre des hl. Thomas verbleiben die Elemente in den Michungen *virtuell*, nicht aber formell und aktuell. Er äufsert sich darüber folgendermafsen: »Formae elementorum manent in mixto non actu, sed *virtute*, manent enim qualitates propriae elementorum licet *remissae*, in quibus est virtus formarum elementarium. Et hujusmodi qualitas mixtionis est propria dipositio ad formam substantialem corporis mixti, puta formam lapidis vel animati cujuscunque.[1])

13. Heutzutage sind die Vertreter der Naturwissenschaft der eben dargelegten Ansicht Bonaventuras. Und manche Anhänger der thomistischen Philosophie sind der Meinung, nur diese Ansicht harmoniere mit den Resultaten der modernen Naturwissenschaft, so Pfeifer[2]) und Pesch. Letzterer läfst sich darüber also vernehmen: »Cum enim per conjunctionem internam cum forma altiore elementa intrinsece ad unum esse altius eleventur, illae formae elementares rem jam non absolvunt nec ultimo complent, quare rationem formae amittunt fiuntque determinationes subordinatae, quae ad formam substantialem tanquam materia se habent, nec ullo modo ens aliquod actu constituunt. Neque tamen dicere cogimur, id quod antea fuerit forma evanuisse et ad nihilum esse redactum.«[3]) Diese Worte haben viele Anklänge an Bonaventuras Lehre, nach welcher die niederen Formen in die höheren aufgenommen werden und in diesen ihre Vollendung finden, ohne selbst ganz in ihrem Sein aufzuhören.[4]) Man kann sie dann nur noch inkomplete Formen nennen; sie sind positive Realitäten, die aber weder zur Kategorie der Materie noch der accidentellen Form gehören; Pesch nennt sie »*determinationes subordinatae*«. Freilich scheint diese Hypothese nicht ganz mit den Prinzipien der Scholastik übereinzustimmen. Eine neue Wesenheit kann doch

---
[1]) S. th. I q. 76. a. 4. ad 4.
[2]) A. a. O.
[3]) A. a. O. S. 258.
[4]) Vgl. oben n. 3 und II S. d. 14. p. II a. 1. q. 1: Lux enim est una forma communis, reperta in omnibus luminaribus, et secundum cujus participationem majorem et minorem sunt majus et minus nobilia; et ideo, cum istam formam diversimodo participent, diversas habent gradus completionis, ideo etiam diversas formas completivas.

nur dann entstehen, wenn die alte authört, denn »corruptio unius est generatio alterius«; nun bleiben aber nach dieser Hypothese die Elemente ihrem substantiellen Sein nach intakt. Somit würde aus ihrer Verbindung auch kein wahrhaft neues Naturwesen, nicht ein unum simpliciter, sondern nur secundum quid entstehen. Dieses Bedenken sucht schon Albert der Grofse durch folgende Erklärung zu heben. Die Elemente verbleiben nicht in ihrer spezifischen und individuellen Abgeschlossenheit; beim Eintritt in die Komposition werden sie von der anderen höheren Natur (Form) innerlich ergriffen und so zu untergeordneten Teilsubstanzen, ohne von ihrer Realität etwas verloren zu haben; nur das abgeschlossene Sein, das esse simpliciter, ist durch die innere Subsumtion in die höhere Einheit in Wegfall gekommen.[1]) Die Elementarform bleibt nicht »prout forma est finis et perfectio ultima distincta secundum esse«, d. h. anders ausgedrückt: Die Form bleibt wohl der Realität nach, sie verliert aber ihren abschliefsenden, spezifizierenden Formcharakter.[2]) Im Anschlufs an Albertus Magnus unterscheidet dann Pesch, dem hierin auch Pfeifer beistimmt, ganz richtig zwischen dem Beharren der forma, sofern sie Realität, und sofern sie forma ist, d. h. die Funktion der Form hat. Nur in ersterer Beziehung könnte man von einem Beharren der Formen in den Mischungen sprechen. Pfeifer versucht diese Unterscheidung durch folgende Beispiele zu illus-

---

[1]) Cum in mixto salventur proprietates elementorum, non potest dici, quod nullo modo salventur formae substantiales eorum. De coelo et mundo l. 3. tract. 2. c. 1. Vgl. Pesch, die grofsen Welträtsel. I Bd. S. 748.

[2]) A. a. O. c. 8. — Selbst manche Stellen aus Aristoteles' Schriften lassen sich im Sinne der Beharrungstheorie deuten, vor allem περὶ γενέσεως καὶ φθορᾶς, S. 334. b. 8. ff. ed. Becker: Ἆρ' οὖν ἐπειδή ἐστι καὶ μᾶλλον, καὶ ἧττον θερμὸν καὶ ψυχρόν, ὅταν μὲν ἁπλῶς ᾖ θάτερον ἐντελεχείᾳ δυνάμει θάτερον ἔσται· ὅταν δὲ μὴ παντελῶς, ἀλλ' ὡς μὲν θερμόν, διὰ τὸ μιγνύμενα φθείρειν τὰς ὑπεροχὰς ἀλλήλων, τότε οὔθ' ἡ ὕλη ἔσται οὔτε ἐκείνων τῶν ἐναντίων ἑκάτερον ἐντελεχείᾳ ἁπλῶς, ἀλλὰ μεταξύ. Es wird hier gesagt, dafs die Elemente in der Mischung der Potenz (δυνάμει) nach bleiben, nicht aber schlechthin der vollen Entelechie (ἐντελεχείᾳ ἁπλῶς) nach. Damit wird nicht die Entelechie der Elemente schlechtweg geleugnet, sondern nur das vollkommene Bleiben derselben oder die vollkommene Entelechie. Bezüglich anderer Stellen vergl. Pfeifer, die Kontroverse über das Beharren der Elemente in den Verbindungen, S. 3. ff.; Pesch, Institutiones philosophiae naturalis, S. 260 und 261.

trieren. Setzen wir den Fall, dafs ein selbständiges von einem souveränen Fürsten regiertes Reich einem gröfseren Reiche einverleibt wird (wie z. B. Hannover in Preufsen), so kann der bisherige Regent des einverleibten Reiches zwar als Person, aber nicht als Regent, nicht mit der Funktion des Regierens bleiben; er ist nicht mehr das determinierende Prinzip. Auch das einverleibte Reich bleibt seiner Realität nach, aber nicht seiner Form nach, nicht als selbständiges Reich. Noch ein anderes Beispiel könnte etwa hergenommen werden von jenen Wörtern der griechischen Sprache, die bald ihren eigenen Accent haben, bald auch durch engen Anschlufs an ein vorausgehendes Wort denselben verlieren.[1]

14. So ist die Lehre Bonaventuras von der Pluralität substantialer Formen in einem Wesen sehr gut geeignet, bezüglich der chemischen Verbindung eine Versöhnung zwischen moderner Naturwissenschaft und Scholastik herzustellen. Aber gerade hierin zeigt der seraphische Lehrer eine vom Aquinaten prinzipiell verschiedene Auffassung. Und doch handelt es sich hier um eine Kardinalfrage der Naturphilosophie. Kein Wunder deshalb, wenn auch in andern Punkten der Naturphilosophie zwischen den Ansichten der beiden Männer Differenzen obwalten.

---

[1] Harmonische Beziehungen zwischen Scholastik und moderner Naturwissenschaft. Augsburg 1881. S. 99.

II. Kapitel.
Natur der menschlichen Seele.
I. Die Wesenheit der menschlichen Seele.
§ 12.

1. Der hl. Bonaventura läfst alle geschaffenen Wesen, also auch die menschliche Seele und die reinen Geister aus Materie und Form zusammengesetzt sein und weicht ganz besonders hierin von dem hl. Thomas ab. Dieser nimmt freilich auch in allen Geschöpfen eine Zusammensetzung ihres Wesens an und sieht gerade in dieser Zusammensetzung den Unterschied des geschöpflichen Seins vom göttlichen, welch letzteres als actus purus jede Zusammensetzung ausschliefst. Aber jene Zusammensetzung in den geschöpflichen Wesen ist nach seiner Ansicht die aus Akt und Potenz; nur die körperliche Substanz zeigt aufser dieser noch die von Materie und Form.[1])

2. Anders Bonaventura, der jene Unterscheidung von Materie und Form auch auf die geistigen Wesen ausdehnt. Aber vielleicht wollte der Heilige durch diese Unterscheidung nichts anderes sagen, als was der Aquinate durch Akt und Potenz ausdrückt? Denn dem Verhältnis von Materie und Form entspricht das von Potenz und Akt. In diesem Sinne will auch Thomas die Ausdrücke Materie und Form von den geistigen Wesen gelten lassen, wiewohl er bemerkt, dafs das nicht der gewöhnliche Sprachgebrauch sei.[2]) Auch einige von Bonaventuras Schülern wollten so jene

---

[1]) Est autem hoc de ratione *causati*, quod sit aliquo modo compositum, quia ad minus *esse* ejus est aliud, quam *quod quid* est. S. th. 1. q. 3. a. 7. ad 1. — Omnis substantia creata est composita ex *potentia* et *actu*. Quodl. 3. a. 20.

[2]) Si materia dicatur omne illud, quod est in potentia quocumque modo, et forma dicatur omnis actus, necesse est ponere, quod anima humana et quaelibet substantia creata sit composita ex materia et forma. Quodl. 3. a. 20. — In substantia spirituali est compositio potentiae et actus et per consequens

Worte ihres Lehrers verstanden wissen. Aber dieser unterscheidet ganz ausdrücklich die Zusammensetzung aus Materie und Form von jeder andern Zusammensetzung der geistigen Wesen.[1]) Auch in seinem spätern Leben vertritt er ganz dieselbe Ansicht; wir finden sie wieder in seinem letzten Werke Hexaëmeron. Hier heifst es: »Necesse est enim, cum in omni creatura potentia activa conjuncta sit potentiae passivae, quod illae duae potentiae fundentur super diversa principia.«[2]) Diese Prinzipien sind materia und forma. So müssen wir auch in der menschlichen Seele aufser dem formellen Prinzip ein materielles annehmen.[3])

3. Die Beweise, durch die Bonaventura seine Ansicht zu stützen sucht, laufen alle darauf hinaus, dafs die Seele eine kreatürliche Substanz sei, die wohl ein selbständiges Sein, aber dieses nicht aus sich selbst habe. In jeder geschaffenen Substanz müfsten aber Wesenheit und Existenz, das »quo est« und das »quod est« und demgemäfs auch zwei Prinzipien, ein aktuales und ein potentiales, unterschieden werden; dem aktualen entspreche die Form, dem potentialen die Materie. Und so müsse auch die Seele als subsistentes Wesen aus Materie und Form bestehen; von dem materialen Prinzip habe sie ihre Existenz, von dem formalen ihre Wesenheit.[4]) Dieser allgemeine Beweis tritt in drei verschiedenen Formen auf.

---

formae et materiae. ... Sed tamen hoc non est proprie dictum secundum communem usum nominum. De spiritual. creaturis.

[1]) Cum planum sit, animam rationalem posse pati et agere et mutari ab una proprietate in aliam et in se ipsa subsistere, non videtur, quod illud sufficiat dicere, quod in ea sit tantum compositio ex quo est et quod est, nisi addatur esse in ea compositio materiae et formae. II S. d. 17. a. 1. q. 2.

[2]) Sermo II in der Mitte.

[3]) Deswegen braucht die Seele noch nichts Körperliches zu sein; denn materielle und körperliche Substanz sind nicht ohne weiteres dasselbe. Körperlich nennen wir eine Substanz, in deren Natur es liegt, Gröfse und Ausdehnung zu haben; materiell ist eine Substanz dadurch, dafs sie aus Stoff und Form besteht. Im Sinne des seraphischen Lehrers ist also ein wesentlicher Unterschied zwischen körperlich und materiell zu machen. Freilich wenn nach der Ansicht des Aquinaten nur die körperliche Substanz als aus Form und Stoff zusammengesetzt gilt, dann sind körperliche und materielle Substanz der Sache nach dasselbe, nur dem Namen nach verschieden, indem jene als ausgedehnte nach einer wesentlichen Eigenschaft, diese nach dem Wesen selbst, das Grund dieser Eigenschaft ist, benannt wird.

[4]) Ideo est tertius modus dicendi, scilicet quod anima rationalis, cum sit

a) Die Seele zeigt eine **eigene Thätigkeit**, und deshalb hat sie auch ein eigenes Sein. Das charakterisiert sie als Substanz, und da sie eine kreatürliche Substanz ist, so mufs in ihr das »quo agit« von dem »quod agit« unterschieden, also auch dementsprechend ein materiales und formales Prinzip angenommen werden.[1])

b) Die Seele ist der Veränderung unterworfen und ist **Substrat entgegengesetzter Eigenschaften**; denn sie ist für Trauer und Freude empfänglich. Damit ist sie als Substanz gekennzeichnet; denn dieser ist es eigen, konträre Accidenzen anzunehmen. Als Substanz ist sie aus Materie und Form zusammengesetzt.[2])

c) Die Seele giebt nicht blofs dem Leibe das Leben, sondern hat dasselbe auch in sich; sie ist daher auch in ihrem Sein nicht blofs auf den Körper angewiesen, sondern hat auch ein eigenes Sein, denn dem Leben entspricht das Sein. Sie ist also eine lebendige für sich seiende Substanz. Sie hat aber nicht das Leben aus sich, sie ist nicht ihr Leben, sondern sie nimmt am Leben teil; das kennzeichnet sie als **kreatürliche** Substanz; deshalb mufs auch in ihr ein doppeltes Prinzip angenommen werden: ein **aktives**, welches Leben giebt, und ein **passives**, welches Leben empfängt; sie besteht also aus Materie und Form.[3])

---

hoc aliquid et per se nata subsistere et agere et pati, movere et moveri, quod habet intra se fundamentum suae existentiae et principium *materiale*, a quo habet *existere*, et *formale*, a quo habet *esse*. II S. d. 17. a. 1. q. 2.

[1]) Omne creatum, cui debetur propria operatio, habet haec duo diversa, scilicet *quod agit* et *quo agit*; sed animae secundum se consideratae debetur propria operatio; ergo videtur, quod non solum sit forma, quia, si pura forma esset, tunc ageret se ipsa; ergo habet aliquid de materia. A. a. O.

[2]) Omne illud, quod secundum sui mutationem est *susceptibile contrariorum*, est *hoc aliquid* et substantia per se existens in genere, et omne tale compositum est ex materia et forma, sed anima secundum sui mutationem est susceptiva gaudii et tristitiae, ergo anima rationalis composita est ex materia et forma. A. a. O.

[3]) Anima rationalis non solummodo vitam praebet corpori, sed etiam ipsa vivit; aut igitur est sua vita, aut non. Si sic: ergo non differt in ea vivens et quo vivit. Et iterum, si est sua vita, non vivit per participationem, sed per essentiam, quae duo sunt contra Boëthium et Augustinum; ergo ponere est in anima secundum se considerata aliquid, quod det vitam, et aliquid, quod recipiat. Et si hoc, ergo est composita ex materia et forma. A. a. O.

4. Diese Lehre hängt auch mit andern Lehren des Heiligen eng zusammen und findet in diesen ihre Begründung. Der Heilige ist nämlich, wie wir später sehen werden,[1]) der Ansicht, dafs die Individualität eines jeden Wesens aus der Verbindung von Materie und Form resultiere; es besteht also jedes Individuum aus diesen beiden Prinzipien. Da die Seele nun ein Individuum ist, so mufs sie aufser dem formalen Prinzip noch ein materiales haben.

Anders ist es freilich bei der Seele des Tieres. Diese hat kein eigenes Sein, sondern ist so in die körperliche Materie versenkt, dafs sie ohne diese in keiner Weise sein und wirken kann. Sie entsteht mit ihrem Leibe zusammen aus den rationes seminales, bildet also mit ihm ein einheitliches Sein und kann deshalb selbst keine eigene Materie haben.[2])

5. Bonaventura stellt auch, wie wir oben nachgewiesen haben,[3]) den Grundsatz auf, dafs keine Form für sich bestehen kann, dafs jede zu ihrer Existenz unter allen Umständen der Materie bedarf. Wenn dem so ist, dann kann es keine in sich selbst subsistente Formen, wie der Aquinate die reinen Geister nennt, geben. Auch die Seele, die aufser der Verbindung mit dem Leibe ein Sein für sich hat, bedarf dann einer eigenen Materie, weil sie eben als Form allein einer eigenen Existenz nicht fähig ist.

6. Wenn die Seele als subsistentes Wesen ein Sein für sich hat, so mufs sie auch ein Werden für sich haben und kann also nur so entstehen, wie selbständige Wesen entstehen. Ein subsistierendes Wesen entsteht entweder aus einem andern, so dafs dieses den Stoff giebt, oder es wird aus nichts. Bei den körperlichen Wesen entsteht das eine aus dem andern; auf diese Weise kann die Seele ihr Dasein nicht erhalten, weil sie nicht eine körperliche, sondern eine geistige Substanz ist. Sie hat aber eine geistige Materie; könnte nicht aus dieser eine andere Seele hervorgehen, so dafs Seele aus Seele entstände? Nur die Wesen, denen eine veränderliche Materie zukommt, sagt der seraphische Lehrer, können aus dieser Ihresgleichen erzeugen. Wenn nun auch die

---

[1]) S. § 15.
[2]) Quia anima brutalis propriam operationem non habet nec est nata per se subsistere, non videtur, quod habeat materiam intra se. S. d. 18. a. 2. q. 3.
[3]) S. oben § 6 n. 3.

Seele in ihrem Wirken dem Wandel unterliegt, so doch nicht in ihrem Sein; sie enthält also keinen wandelbaren Stoff, kann also auch aus keinem Substrat gebildet, sondern nur aus **nichts** hervorgebracht werden.[1)]

7. Wie kann man überhaupt bei der Seele von **Materie** sprechen, da sie doch ein geistiges und einfaches Wesen ist? Dafs sie ein **geistiges** Wesen ist, beweist ihre intellektuelle Thätigkeit. Diese äufsert sich in der Weise, dafs sie die körperlichen Gegenstände ihrer Materialität entkleidet und sie zu geistigen Begriffen umformt. Aus ihrer Thätigkeit können wir aber auf ihre Beschaffenheit, auf ihr Wesen schliefsen; erkennt sie Immaterielles, so mufs sie selbst ohne Materie sein. Diese Folgerung will Bonaventura nicht gelten lassen. Nicht deshalb, so erklärt er, werden die Gegenstände ihrem intelligiblen Sein nach von der Seele erfafst, weil sie selbst immateriell ist, sondern der Grund dafür liegt in der **Beschaffenheit der Gegenstände.** Weil diese ihrem **physischen** Sein nach nicht in die Seele treten können, so müssen sie sich mit ihr auf andere Weise vereinigen, als **Bilder,** welche die Seele von den Dingen abstrahiert. Dieser Einwand des Heiligen kann jene Schlufsfolgerung nicht entkräften. Denn die abstrahierten Bilder sind doch immateriell (das mufs auch Bonaventura zugeben, weil er von der Seele als »substantia intellectiva« spricht); deshalb mufs auch die Thätigkeit der Seele, welche die Abstraktion vollzieht, immaterieller Natur, die Seele selbst ohne Materie sein. Es kommt also ganz darauf an, in welchem Sinne das »abstrahere« aufgefafst wird. Handelt es sich um intelligibele Species, dann ist der Vorgang ein geistiger, der das Materielle ganz ausschliefst. Das scheint der seraphische Lehrer bei dem Beweise, den er an zweiter Stelle zu Gunsten seiner Ansicht entwickelt, nicht beachtet zu haben. Er argumentiert so: Der Intellekt kommt zum aktuellen Erkennen durch die intelligibelen Species, die er von den materiellen Dingen abstrahiert. Daraus darf aber nicht geschlossen werden, dafs, weil diese Species

---

[1)] Actus generandi non est cujuslibet entis completi, sed ejus rei, quae habet materiam transmutabilem, ex qua potest produci. Et quia anima non habet talem materiam, non potest aliam similem producere, quamvis sit forma completa. — Animae non seminantur, sed formatis corporibus a Deo creantur et creando infunduntur et infundendo producuntur. II S. d. 18. a. 2. q. 3.

immateriell sind, nun auch die Seele ohne Materie sei. Denn solche abstrahierte Bilder können auch von Dingen aufgenommen werden, die aus Form und Materie bestehen, wie das Bild der Farbe im Spiegel erscheinen kann. Hier ist offenbar von sinnfälligen Bildern die Rede, die von physischen Dingen abgelöst werden; diese sind doch in keinen Vergleich zu setzen mit den Species, die durch geistige Abstraktion gewonnen werden.[1])

8. Die Seele ist auch ein einfaches Wesen. Wie verträgt sich aber damit die Zusammensetzung aus Materie und Form? Es kommt darauf an, antwortet Bonaventura, was man unter Einfachheit versteht. Diese schliefst freilich im allgemeinen die Zusammensetzung aus, aber letztere kann eine doppelte sein: eine solche, die aus konstitutiven Teilen, oder eine solche, die aus quantitativen Teilen besteht. In ersterer Beziehung ist die Seele zusammengesetzt wie jede andere Substanz; aber das beeinträchtigt ihre Einfachheit nicht. Es kommt hier besonders ihre Form in Betracht, und diese ist einfacher als andere Formen. Die andere Zusammensetzung aus quantitativen Teilen trifft bei der Seele nicht zu; sie ist weder an sich ausgedehnt, noch *per accidens,* weder bezüglich ihrer Substanz noch bezüglich ihrer Thätigkeit. Sie ist durchaus einfach und in diesem Betracht auch als Substanz einfacher als andere Formen, da diese wenigstens per accidens ausgedehnt und teilbar sind.[2])

---

[1]) Ad illud, quod objicitur, quod substantia intellectiva nihil cognoscit, nisi quod abstrahitur a materia, dicendum, quod hoc non facit propter hoc, quod ipsa sit omnino immaterialis, sed propter hoc, quod res non potest ei uniri secundum veritatem. Ideo oportet, quod uniatur secundum similitudinem, quam anima abstrahit a re. Alia est etiam ratio, quia intellectus per similitudinem, per quam intelligit, debet fieri in actu intelligendi; illud autem, quod facit, rem esse in actu, species est et forma. Ideo anima non cognoscit rem, nisi speciem ejus et formam sibi imprimat, et hoc non potest esse, nisi illa abstrahatur a materia. Nec ex hoc sequitur, quod anima careat materia; res enim abstracta a materia propria bene potest fieri in re alia, quae suam habet propriam materiam et formam, sicut similitudo coloris in speculo. II S. d. 17. a. 1. q. 2.

[2]) Anima non tantum est forma, immo etiam est *hoc aliquid,* et ideo, si comparetur forma animae ad alias formas, absque dubio simplicior erit quam aliae formae. . . . Nihilominus tamen ipsa anima simplicior aliis formis dici potest. Est enim multiplex genus simplicitatis, secundum quod et multiplex est genus compositionis et partium. Sunt enim *partes substantiales* et sunt

9. Wenn Bonaventura der Seele, als einer geistigen und einfachen, Materie zuschreibt, so meint er damit selbstverständlich nicht die körperliche Materie, die wir gewöhnlich Stoff nennen, sondern eine geistige, als Prinzip der Veränderungen, denen auch die Seele unterworfen ist. Als geistige Materie schliefst sie jede Ausdehnung, jede Privation und Korruption von sich aus.[1]) Der seraphische Lehrer bezeichnet deshalb die Seele auch geradezu als eine immaterielle Substanz und beweist die Immaterialität derselben nicht blofs aus dem Denken als einer immateriellen Thätigkeit überhaupt,[2]) sondern auch aus dem Selbstbewustsein. Keine materielle (körperliche) Kraft, so schliefst er, ist imstande, über sich selbst zu reflektieren; die vernünftige Seele erkennt aber durch den Akt der Reflexion sich selbst, also mufs sie ein immaterielles und unvergängliches Wesen sein. Daraus leitet er dann weiter die Unsterblichkeit der Seele ab.[3])

10. Ist die Seele auch ein einfaches Wesen, so hat sie doch verschiedene Vermögen. Das hängt mit der Beschränktheit ihrer Natur zusammen. Nur so kann sie ihre Thätigkeit vollkommen ausüben, wenn sie sich der Vermögen bedient, die sich gegenseitig stützen und aushelfen.

Die Seelenvermögen sind *realiter* unter sich und *realiter* von der Seelensubstanz verschieden; sie sind nicht blofse Accidenzen der Seele, sondern etwas Substantiales, ohne die Substanz selbst zu sein; wenigstens gilt das von jenen Vermögen, die als die

---

partes *quantitativae*, et compositio ex partibus substantialibus et compositio ex partibus quantitativis. Et sic simplex dicitur dupliciter: aut quod caret partibus constitutivis aut quod caret partibus quantitativis. Quamvis igitur anima non sit aliis formis simplicior quantum ad partes constitutivas, simplicior tamen est quantum ad privationem partium quantitativarum. Ipsa enim nec habet *extensionem per se*, nec habet extensionem *per accidens*, nec quantum ad substantiam nec quantum ad proprium actum. Aliae autem formae per accidens possunt habere extensionem et partibilitatem. II S. d. 17. a. 1, q. 2.

[1]) Concedendum est, animam humanam materiam habere. Illa autem materia sublevata est supra esse extensionis et supra esse privationis et corruptionis, et ideo dicitur materia spiritualis. II S. d. 17. a. 1. q. 2.

[2]) Vgl. II S. d. 19. a. 1. q. 1.

[3]) Nulla virtus materialis et corruptibilis nata est super se reflecti; anima rationalis secundum actum proprium nata est super se reflecti cognoscendo se et amando, ergo virtus animae rationalis non est materialis et corruptibilis, ergo est immaterialis et incorruptibilis. A. a. O.

allgemeinen gelten und zunächst aus dem Wesen der Seele entspringen, wie das Erkenntnis- und das Strebungsvermögen.[1]) Auch der hl. Thomas hält die reale **Verschiedenheit** der Seelenvermögen fest, betrachtet sie aber als **Accidenzen** der Seelensubstanz;[2]) im **logischen** Sinne bezeichnet er sie als ein Mittleres zwischen Substanz und Accidens, als **Proprietäten** der Seele.[3]) Das wäre ungefähr dasselbe, was Bonaventura lehrt, der wohl auch dort von den Seelenvermögen im **logischen** Sinne spricht.

11. Der seraphische Lehrer unterläfst es nicht, den Grund anzugeben, warum er die Unterscheidung von Materie und Form auch auf die geistigen Substanzen anwendet; er will dadurch den Gegensatz, der zwischen dem Schöpfer und den Geschöpfen besteht, ganz nachdrücklichst hervorheben. Gott ist das absolut einfachste Wesen; alles, was nicht Gott ist, ist zusammengesetzt. »Es ist weniger gefährlich zu sagen«, so bemerkt er in seinem Werke Hexaëmeron, »der Engel sei zusammengesetzt, mag dies auch nicht wahr sein, als er sei ein einfaches Wesen. Ich erkenne dies (nämlich: die Zusammensetzung) dem Engel zu, indem ich ihm das nicht gewähren will, was nach meiner Meinung Gott allein zukommt (nämlich: die Einfachheit); und ich thue das aus Ehrfurcht gegen Gott.«[4]) Dieser Gegensatz zwischen Schöpfer und Geschöpf wird durch die Unterscheidung von Form und

---

[1]) Quoniam potentia creaturae arctata est, non potuit creatura habere posse perfectum, nisi esset in ea potentiarum multitudo, ex quarum collectione sive adunatione, una supplente defectum alterius, resultaret unum posse completum, sicut manifeste animadverti potest in organis humani corporis, quorum unum quodque indiget a virtute alterius adjuvari. — Tertii sunt, qui dicunt, quod potentiae animae nec adeo sunt idem ipsi animae, sicut sunt ejus principia intrinseca et essentialia, nec adeo diversae, ut cedant in aliud genus, sicut *accidentia*, sed *in genere substantiae* sunt per reductionem. II S. d. 24. p. I, a. 2. q. 1. — Vergl. I S. d. 3. p. II. a, 1. q. 3.

[2]) Vgl. De spirit. creat. a. II; de Anima a. 12; S. th. 1. q. 54. a. 3, q. 77. a. 1. und 3.

[3]) Potentiae animae possunt dici mediae inter substantiam et accidens, quasi proprietates animae naturales. S. th. 1. q. 77 a. 1. ad 5.

[4]) Minus est periculosum dicere, quod Angelus sit compositus, etiamsi verum non sit, quam quod sit simplex; quia hoc ego attribuo Angelo, nolens ei attribuere, quod ad Deum solum aestimo pertinere, et hoc propter reverentiam Dei. Hexaëmeron, IV Serm.

Materie in dem kreatürlichen Wesen viel stärker hervorgehoben als durch jene von Akt und Potenz.

12. Es ist nicht zu leugnen, dafs, wenn wir diese Unterscheidung auf die Seele anwenden, das selbständige Sein derselben und ihre Unabhängigkeit vom Leibe, ihre Individualität und ihre persönliche Fortdauer nach dem Absterben des Leibes leichter zu erklären ist, als bei der Voraussetzung, sie sei nur die Form des Leibes; aber äufserst schwierig ist es, von diesem Standpunkte aus die Wesenseinheit der Seele mit dem Leibe nachzuweisen.

Die Gründe, durch die Bonaventura seine Ansicht vom Wesen der Seele zu stützen sucht, beweisen eigentlich nur die Zusammensetzung derselben überhaupt und die von Akt und Potenz im besonderen, nicht aber ohne weiteres die von Materie und Form. Aufserdem ist der Heilige genötigt, um die Geistigkeit und Einfachheit der geistigen Wesen zu retten, bezüglich dieser das Wort Materie in einem vom gewöhnlichen Sprachgebrauch abweichenden Sinne zu nehmen. Deshalb gebührt wohl der betreffenden Lehre des hl. Thomas der Vorzug: **die geistigen Wesen sind nur Formen.**

II. Vereinigung der Seele mit dem Leibe.

§ 13.

1. Bonaventura bezeichnet die Seele geradezu als Form des Leibes, als die Vollendung, Entelechie desselben.[1]) Die Vereinigung, die dadurch zustande kommt, ist die innigste, die man sich denken kann, sie ist eine *substantiale;* es entsteht daraus ein neues einheitliches Wesen, das die beiden Bestandteile untrennbar in sich schliefst.[2])

2. Als Wesensform des Leibes ist die Seele ihrer Wesenheit nach ganz im ganzen Leibe und ganz in allen Teilen

---

[1]) Anima rationalis est actus et entelechia corporis humani. II S. d. 18. a. 2. q. 1. — Anima naturaliter est *forma* corporis. II S. d. 17. a. 1 q. 3. und öfter.

[2]) Unio animae et corporis ad unius tertii constitutionem, quod est unum per essentiam. II S. d. 25. p. II. q. 6. — Anima et corpus concurrunt ad unam essentiam constituendam. Et hinc est, quod constitutus ex anima et corpore habet unam formam specificam. II S. d. 1. p. II. a. 3. q. 2.

desselben gegenwärtig.¹) Aber doch kann man von einem Sitz der Seele im Leibe sprechen, der sich in dem Blute befindet; nicht als ob die Seele ausschliefslich im Blute wäre, sondern weil sie, so lange sie mit dem Körper verbunden ist, zur Erhaltung ihres Lebens im letzten Grunde auf das Blut angewiesen ist. Dieses enthält nämlich den Nahrungsstoff für den Körper und dient zunächst der nutritiven Thätigkeit der vegetativen Seele; die vegetative Seele aber ist durch die sensitive mit der intellektiven verbunden, so dafs diese ohne jene weder existieren noch thätig sein könnte. So ist die nutritive Kraft die Grundkraft, von der alle anderen Kräfte in ihrem Bestehen abhängen, das Blut also der Träger des seelischen Lebens; und in dieser Beziehung kann es Sitz der Seele genannt werden.²)

3. Es fragt sich nun, ob Leib und Seele durch sich unmittelbar formaliter vereinigt werden, oder durch eine gewisse unvollständige Wesensform, durch welche der Leib geneigt gemacht wird, die Seele in sich aufzunehmen. Das Letztere lehrten Scotus und andere Scholastiker, unter diesen auch der ausgezeichnete Richard von Mediavilla.³) Bonaventura aber erklärt ausdrücklich (und er befindet sich darin in Übereinstimmung mit dem Aquinaten), dafs Leib und Seele durch ihre eigenen Wesen-

---

[1] In unico corpore est unica anima et tamen in singulis membris existens tota et est semel, quia unum est perfectibile. IV S. d. 12, p. 1 dub. 4.

[2] Anima, cum sit spiritualis, non potuit in se signari, sed in annexo, ut puto in sanguine, in quo est *sedes* animae, non quia in solo sanguine sit, sed quia anima rationalis unitur mediante potentia sentiendi et illa mediante potentia vegetandi, et quia illa habet tres vires, scilicet generativam, augmentativam et nutritivam, prima quae est fundamentum omnium est nutritiva et nutrimentum sanguis vel aliquid loco ejus. IV d. 11. p. II a. 1. q. 2. — Der Gedanke, den Bonaventura hier ausspricht, findet seine Bestätigung in den physiologischen Beobachtungen der neuesten Zeit. Durch diese wird es wenigstens zur Wahrscheinlichkeit gemacht, dafs das Blut nicht blofs eine Bedeutuug für *vegetative* Prozesse hat, sondern auch bei den Funktionen des Sinnen- und auch des geistigen Lebens innerlich mitbeteiligt ist. Um nur eines anzuführen: Bisweilen bedarf es nur einer geringen Alteration im Blute (sei es durch heftige Gemütsbewegungen, sei es durch Beimischung fremdartiger Substanzen wie Chloroform und dergl.), um den Verlust des Bewufstseins in der Form von Ohnmacht und ähnlichen Erscheinungen hervorzubringen. Vgl. Pesch, a. a. O. I. Bd. S. 799.

[3] Vgl. Kleutgen, Philosophie der Vorzeit, II Bd S. 544.

heiten nach Weise von Materie und Form mit einander vereinigt werden; die Seele informiert durch sich selbst den Leib.[1)]

4. Dieselbe Auffassung von der unmittelbaren Vereinigung der Seele mit der Materie liegt auch der Untersuchung zu Grunde, die der seraphische Lehrer darüber anstellt, ob Christus während des Triduums wahrer Mensch gewesen sei. Er verwahrt sich hier ganz entschieden dagegen, dafs die Einheit von Leib und Seele lediglich eine hypostatische sei. Würde die Einheit beider nur in der Hypostase bestehen, dann würde aus dieser Vereinigung kein menschliches Sein entstehen. Soll letzteres geschehen, dann müssen sich beide als Materie und Form vereinigen, als zwei konstitutive Prinzipien, aus denen eine dritte Natur entsteht, die von beiden verschieden ist. Da nun beim Tode Christi die Seele sich vom Leibe trennte, so hat sich die menschliche Natur Christi aufgelöst, und man mufs sagen: Während des Triduums ist Christus nicht Mensch gewesen. Man kann dagegen nicht einwerfen: Christus war während der Tage im Grabe mit der vernünftigen Seele geeint, folglich war er vernünftig, folglich Mensch. Dieser Einwurf hätte nur dann eine Berechtigung, wenn Christus im Triduum mit der Seele geeint gewesen wäre nach Art von Materie und Form. Eine solche Einheit war aber während der drei Tage, in denen der Leib Christi im Grabe lag, in Christus nicht vorhanden, folglich war er in diesen Tagen nicht Mensch.[2)]

5. Dafs der hl. Bonaventura die Seele als Wesensform des Leibes auffafst, geht auch daraus hervor, dafs er sie als alleiniges

---

[1)] Illud, quo mediante anima perficit corpus humanum est illud, quo anima est anima rationalis, et quod etiam est principium aliarum nobilium operationum, sed perficit *se ipsa*. Se ipsa enim anima perficit corpus, sicut forma se ipsa unitur materiae. II S. d. 1. p. II. a. 3. q. 2.

[2)] Alio modo possunt uniri in eandem hypostasim, ita tamen, quod illa hypostasis ex eis non constituitur, immo unitur eis etiam localiter separatis; et hoc modo uniri in eandem hypostasim non necessario facit hominem, quia non est ibi unio per constitutionem naturae tertiae, qualis est unio materiae et formae, qualis etiam requiritur ad hominis esse. . . . Quod ergo dicit: quod habet animam rationalem sibi unitam, est rationale, dicendum, hoc habet veritatem, si intelligatur de unione, quae est formae ad materiam; hoc autem modo non uniebatur anima Christi Christo in triduo. Unde non consequitur, quod fuisset homo in triduo. III S. d. 22. a. 1. q. 1. — Vgl. Schneid, die Körperlehre des Duns Scotus und ihr Verhältnis zum Thomismus und Atomismus, Mainz 1879, S. 43 und 44.

Prinzip aller menschlichen Thätigkeiten bezeichnet, auch jener, die durch den Leib ausgeführt werden. Die Seele ist es, die Sein, Leben, Empfindung und Denken verleiht.[1]) Wie sie in ihrem Sein an den Leib gebunden ist, so ist sie auch in ihren Thätigkeiten in gewissem Sinne von ihm abhängig; das bezieht sich nicht blofs auf die sensitiven, sondern auch auf die intellektuellen. Die vegetative Thätigkeit und die sinnliche Erkenntnis vollzieht die Seele geradezu mit dem Körper und den körperlichen Organen; bezüglich der geistigen Erkenntnis verhält es sich freilich anders. Diese ist nicht an den Leib gebunden, da die Seele auch getrennt vom Leibe die geistigen Funktionen ausüben kann; aber solange sie im Leibe waltet, vollzieht sich auch das intellektuelle Erkennen im Leibe, und es mufs dieser bezüglich seiner Organe und Kräfte im normalen Zustande sein, damit der Intellekt sich in rechter Weise bethätigen kann. Das ist auch insofern notwendig, als der Intellekt seine Erkenntnisse aus den Phantasmen nimmt, die dem sinnlichen Erkenntnisgebiete angehören, die sinnliche Erkenntnis aber wiederum von den Sinnesorganen des Leibes, also auch von diesem selbst abhängt.[2])

---

[1]) Es beruht demnach auf Irrtum, wenn Werner (Psychologie und Erkenntnislehre des Johannes Bonaventura, Wien 1876, S. 17) sagt, dafs Bonaventura »die Thätigkeiten des seelischen Prinzips im Menschen auf die bewufsten Selbstäufserungen desselben beschränkt, die nicht bewufsten Thätigkeiten desselben aber völlig ignoriert«. Übrigens beurteilt Werner die Seelenlehre des doctor seraphicus noch in vielen anderen Punkten ganz irrig.

[2]) Hujus ratio est unio animae et corporis ad unius tertii constitutionem, quod est *unum per essentiam*, et cui debetur propria operatio, secundum quod est unum. Haec autem operatio non est vivere tantum nec sentire sive movere, sed ratiocinari et intelligere. Et propter ipsam unionem non tantum pendet anima ex corpore quantum ad actum sentiendi, sed etiam aliquo modo quantum ad actum intelligendi, quamdiu est in corpore, sed longe aliter et aliter. Non quantum ad actum vegetandi et sentiendi sic pendet, ut nullo modo possit illos exercere nisi in corpore. Unde non absurde omnino dicitur: Oculus videt; non sic autem dicitur de actu intelligendi. Intellectus dicitur vis non alligata materiae et operationem hanc potest habere, cum est separata a corpore; quamdiu autem est in corpore, non omnino intelligit praeter corpus. Sicut enim esse animae in corpore aliquo modo pendet ex corpore, quamvis non pendeat esse ipsius animae in se . ... sic, quamdiu anima est in corpore, intelligere suum non est sine corpore et sine aliqua dispositione ex parte corporis, cujus actualitas communicat actui intelligendi, sicut congrua dispositio corre-

Es findet also immerhin eine gewisse Abhängigkeit der Seele vom Leibe statt auch in Bezug auf ihre intellektuelle Thätigkeit. Die Seele ist in jeder Beziehung auf den Leib angewiesen, wie auch dieser auf die Seele. Auch der Leib mufs entsprechend disponiert sein, damit die Seele sich mit ihm vereinigen, ihn beleben und informieren kann.[1])

6. Dafs die Seele das alleinige Prinzip aller menschlichen Thätigkeiten ist, wird auch durch die Erfahrung bestätigt, welche lehrt, dafs die höheren und niederen Seelenthätigkeiten sich gegenseitig behindern, schwächen, verdrängen, dafs z. B. energisches Denken die Sinnesthätigkeit beeinträchtigt und umgekehrt sinnliche Erregungen das Denken stören. Diese Erscheinung wäre nicht zu erklären, wenn diese Thätigkeiten nicht entweder einem Vermögen, oder, wenn verschiedenen Vermögen, doch einer Substanz angehörten. Nur das zweite trifft hier zu, also ist die Seele das einzige Prinzip bei den Thätigkeiten, also die Wesensform des Leibes.[2])

7. Zwar bezeichnet der seraphische Lehrer die Seele auch als Bewegerin des Leibes, doch in einem ganz anderen Sinne wie Plato, der bekanntlich das Verhältnis der Seele zum Leibe dahin auffafste, als übte die Seele auf den Leib nur einen bewegenden Einflufs aus etwa wie ein Fährmann auf den Nachen. Bonaventura betrachtet die Seele nach einer doppelten Seite, einmal, sofern sie eine einfache Substanz ist und den Körper informiert, und als solche nennt er sie *perfectio,* dann, sofern sie Prinzip der sinnlichen Vermögen ist, die sich durch die Organe bethätigen, in dieser Beziehung nennt er sie *motor*.[3]) Diesen Unterschied bestimmt er noch auf andere Weise unter Berücksichtigung der verschiedenen Thätigkeiten der Seele. Insofern die Seele den Leib bewegt,

spondebat existentiae animae in corpore et perfectioni ejusdem. II S. d. ᵴ. ⁂. ⸻ 2, ⸺ ⁊ b, ⸻

[1]) A. a. O.

[2]) Cum intenditur operatio sensus, minuitur operatio intellectus et e converso, sicut patet per experientiam; ergo necesse est, sensum et intellectum vel esse *unam potentiam* vel esse potentias *ejusdem* substantiae. A. a. O.

[3]) Dicendum quod anima est perfectio quantum ad *substantiam* et *motor* quantum ad potentias. Etsi anima non sit composita, immo simplex quantum ad substantiam, habet tamen multitudinem potentiarum, ratione quarum ad diversa organa comparatur. IV S. d. 44. p. l. a. 2. q. 2. —

ist sie als *motor* in demselben thätig. Die Thätigkeiten, welche sie als *perfectio corporis* übt, sind jene, welche sie zugleich mit dem Körper vollzieht. Hierher gehören besonders die *sensitiven* Thätigkeiten. Für diese ist weder die Seele allein das Subjekt, noch der Leib allein, sondern das Kompositum aus beiden. Leib und Seele können aber nur dann ein einziges Thätigkeitsprinzip ausmachen, wenn die Seele mit dem Leibe eine substantiale Einheit bildet. Es mufs deshalb, wie der hl. Lehrer bemerkt, die Seele zum Leibe sich ebenso verhalten, wie die Sehkraft zum Auge. Wie das Auge nur Auge ist durch die Sehkraft, so ist der Leib nur Leib durch die Seele. Kurz gesagt: Solche Thätigkeiten eignen der Seele, weil sie sich als Form mit dem Stoffe einigte.[1]) Diese Unterscheidung der Thätigkeiten in solche, welche die Seele als motrix, und in solche, welche sie als perfectio corporis ausübt, ist also begründet in dem Verhältnis, das die Seele zum Körper einnimmt. In ersterer Beziehung tritt sie mehr als selbständige Substanz dem Körper gegenüber, weshalb auch Bonaventura dem reinen Geiste, der mit dem angenommenen Körper in ganz loser Verbindung steht, die Fähigkeit zuschreibt, den Körper und seine Glieder zu bewegen. Insofern die Seele die sensitiven Thätigkeiten ausführt, erscheint sie in gröfserer Abhängigkeit vom Leibe, also mehr als Wesensform desselben. Im ersteren Falle zeigt sie sich, um die Worte des Heiligen selbst anzuführen, als »hoc aliquid et motor differens a mobili«, im andern als »forma juncta materiae«.

---

[1]) Ad intelligentiam est notandum, quod cum anima uniatur corpori ut *perfectio* et ut *motor*, quaedam sunt operationes, quae consequuntur ipsam animam in corpore ut est motor, quaedam ut est perfectio, quaedam partim sic partim sic. Differenti-autem modo exercet anima in corpore operationes, quae consequuntur ipsam ut motorem et ut perfectionem, Nam operationes, quae consequuntur animam ut motorem, sic exercet per corpus; quod illas easdem exercet in corpus, quia non solum movet alia corpora, sed etiam corpus proprium. Operationes vero, quae consequuntur animam in corpore ut est perfectio, sic exercet anima in corpore per corpus, quod exercet eas cum corpore, sicut patet: anima clauso oculo corpus aliquod videre non potest. Et ideo primae competunt animae ut est hoc aliquid et motor differens a mobili; secundae vero ut est forma juncta materiae. . . . Motus progressivus, sive quicunque alius sit membrorum exteriorum, est ab anima in corpore, ut est motor vel motrix, sentire vero per organa corporis competit animae, ut est illorum organorum perfectio. Sicut enim anima perficit totum corpus, ita visus sive potentia visiva perficit oculum. II S, d. 8. p. I. a. 3. q. 2. — Vgl. Schneid, a. a. O. S. 43.

8. Diese Abhängigkeit der Seele vom Leibe ist keine absolute. Die Seele ist wohl in ihren sinnlichen Thätigkeiten durchaus an den Leib gebunden, auch in ihrer geistigen Thätigkeit zeigt sie eine gewisse Abhängigkeit von diesem, wie wir vorher nachgewiesen haben; allein diese letztere Abhängigkeit ist nur eine *objektive,* nicht eine subjektive. Die intellektuelle Thätigkeit ist, wenn sie auch ihren Stoff aus dem Sinnlichen nimmt, an und für sich etwas Immaterielles, rein Geistiges und gehört der Seele allein an. Sie kommt der Seele wesentlich zu und ist mit ihr immer verbunden, während die sinnlichen Thätigkeiten ihr nur vorübergehend angehören, sofern und solange sie nämlich mit dem Leibe vereinigt ist. Hört diese Vereinigung auf, so hat sie auch jene sinnlichen Thätigkeiten nicht mehr nötig, sie übt dann nur die geistigen aus.[1]) So ist die Seele ihrem Wesen nach etwas vom Leibe Verschiedenes und sie bewahrt diesem gegenüber eine gewisse Selbständigkeit, die sich eben in der geistigen, von der sinnlichen wesentlich verschiedenen Thätigkeit zeigt.

9. Durch die Vereinigung von Leib und Seele im menschlichen Wesen wird das Höchste und das Niederste in der Schöpfung verbunden. Dies kann nur durch eine wechselseitige Annäherung und Appropriation beider Gegensätze bewerkstelligt werden; zwischen beiden müssen bestimmte Berührungspunkte bestehen. Die körperliche Materie mufs durch Organisation zur Aufnahme der rationalen Seele, diese durch Ausrüstung mit den Vermögen der Belebung, Vegetation und Sensifikation zur Verbindung mit dem organisierten Körper geeignet gemacht werden. Die solcher Art angebahnte Einigung wird nun thatsächlich dadurch vermittelt, dafs zwischen die mit den genannten drei Vermögen ausgerüstete rationale Seele und den organisierten Körper die drei Geister, der spiritus vitalis, naturalis und animalis vermittelnd eintreten. Das durch die ebenmäfsige Durchbildung des Stoffes ermöglichte Wirken der Belebungskraft der Seele wird vermittelt durch den

---

[1]) Quod objicitur, quod operatio sensitiva pendet ex corpore, dicendum, quod ex hoc non sequitur, quod substantia dependeat, quoniam in eadem substantia reperitur operatio, quae ei potest competere praeter corpus. Haec (operatio sensitiva) autem non convenit ipsi animae, nisi secundum quod animat et ita secundum quod corpori juncta est, et propterea pendet ex corpore, nec anima utitur illa potentia, postquam a corpore separatur. II S. d. 31. a. 1. q. 1.

spiritus vitalis, das durch die organische Gliederung ermöglichte Wirken der Vegetations- und Sensifikationskraft der Seele wird durch den spiritus naturalis und animalis vermittelt.[1]) Auch in Bezug auf das Ziel findet zwischen Seele und Leib eine wechselseitige Proportion statt. Da die Seele als tabula rasa aller Erkenntnis bar ist, so bedarf sie des Leibes mit seinen vielfachen Organen, um zum Wissen zu gelangen. Umgekehrt aber wird der irdische Stoff in dem durch die menschliche Seele belebten Leibe zu jener Vollkommenheitsstufe emporgehoben, dafs sie in ihm zur Teilnahme an der ewigen Seligkeit befähigt ist. So wird also dem Untersten, dem Stofflichen durch seine Appropriation für das geistig-sittliche Leben der Seele die Beziehung auf das letzte Ziel alles Geschaffenen, auf das Seligsein in Gott vermittelt.[2])

10. Wie ist es aber möglich, dafs ein Wesen, welches aus Form und Materie besteht, sich mit einem andern Wesen, das ebenfalls ein komplettes Sein hat, zur Konstituierung eines dritten vereinigt? Kann aus einer solchen Verbindung ein einheitliches substantielles Wesen entstehen? Diese Frage wirft der hl. Lehrer selbst auf. Bei der Beantwortung derselben geht er davon aus,

---

[1]) Supremum corporis et infimum spiritus summam habent vicinitatem. Spiritus enim animalis sive rationalis habet potentiam vivificandi, potentiam vegetandi et sentiendi, corpus autem humanum habet complexionis aequalitatem, habet organorum multiplicitatem, habet rursus spirituum subtilitatem, et secundum triplicem differentiam: habet enim spiritum vitalem, spiritum naturalem et spiritum animalem. Comparando igitur complexionem aequalem ad vim vivificativam per medium et vinculum spiritus vitalis, optimus est nexus. Similiter comparando non solum complexionis aequalitatem, sed et organizationem et organizationis perfectionem ad vim vegetandi et sentiendi mediante spiritu naturali et animali, optima est proportio et mirabilis nexus. II S. d. 1. p. II a. 1. q. 2.

[2]) Attenditur etiam perfecta proportio in relatione ad finem. Cum anima creata sit veluti tabula rasa, datum est ei corpus habens organa multiplicia, ut in illo posset perfici scientiis. Similiter ex parte corporis optima proportio est in relatione ad finem. Cum enim sit ordo in formis corporalibus . . . et non sit status in re corporali et imperfecta, non est status ibi, sed ultimo disponunt hujusmodi formae ad animam rationalem, per quam etiam corpus et natura corporalis efficitur particeps aeternae beatitudinis. A. a. O. — Vgl. Werner, die Psychologie und Erkenntnislehre des Johannes Bonaventura, Wien, 1876, S. 6.

dafs sowohl in der Materie als auch in der Form als solcher ein Streben (appetitus) nach gegenseitiger Vereinigung sich geltend mache; das sei der Grund, warum die Vereinigung wirklich erfolge. Ist diese eine solche, dafs das Kompositum in seiner Art vollendet ist, dann strebe dieses nach keiner weiteren Vereinigung mehr; wohl aber zeige sich das Streben von neuem, wenn durch jene Vereinigung das Kompositum keinen Abschlufs gefunden hat. Gerade so verhalte sich die menschliche Seele dem Leibe gegenüber. Sie sei freilich aus Materie und Form zusammengesetzt und habe infolge dessen ein komplctes Sein, aber nicht ein solches, das ihr volle Befriedigung gewähre; und deshalb habe sie Verlangen nach der weiteren Verbindung mit dem Leibe, während auch dieser, obgleich eine komplete Substanz, danach strebe, mit der Seele sich zu vereinigen. Durch die Befriedigung des gegenseitigen Strebens wird also das Kompositum von Leib und Seele hergestellt. Wir lassen die betreffende wichtige Stelle hier gleich folgen. »Ad illud, quod objicitur, quod compositum ex materia et forma est ens completum et ita non venit ad constitutionem tertii, dicendum, quod hoc non est verum generaliter, sed tunc, quando materia terminat omnem appetitum materiae, tunc non est appetitus ad aliquid extra et ita nec possibilitas ad compositionem, quae praeexigit in componentibus appetitum et inclinationem. Licet autem anima rationalis compositionem habet ex materia et forma, appetitum tamen habet ad perficiendam corporalem naturam, sicut corpus organicum ex materia et forma compositum est et tamen habet appetitum ad suscipiendam animam.[1])

Hieraus geht unzweideutig hervor, dafs der hl. Bonaventura die beiden Wesensbestandteile der menschlichen Substanz an und für sich als zwei komplete Substanzen ansieht; denn nach seiner ausdrücklichen Erklärung sind die beiden Komponenten, Leib und Seele, aus Materie und Form zusammengesetzt. Auch sonst nennt er die Seele geradezu eine forma *completa*.[2]) Dafs auch der Leib des Menschen von Anfang an ein selbständiges Sein hat, folgt schon daraus, dafs er nach der Ansicht des

---

[1]) II S. d. 17. a. 1. q. 3.
[2]) Anima non potest aliam similem producere, quamvis sit forma *completa*. II S. d. 18. a. 2. q. 3.

seraphischen Lehrers aus den rationes seminales sich entwickelt.[1]) Diese beiden kompleten Substanzen verbinden sich also mit einander auf Grund einer gegenseitigen Zuneigung. Kann aber eine solche Einheit als eine *substantiale* angesehen werden? Bonaventura behauptet es. Aber wo bleibt die Form des Körpers? fragen wir. Und wir haben ein Recht so zu fragen, weil nach der Ansicht des Heiligen keine substantiale Form verloren geht.[2]) Über das Verbleiben dieser Körperform spricht er sich nicht näher aus. Die Konsequenz seiner Lehre berechtigt uns aber zur Annahme, dafs sie auch nach der Vereinigung der Seele mit dem Leibe noch irgendwie, aber als inkomplete Form fortbesteht. Vorher hat der Leib ein selbständiges Sein mit eigener Form; durch die Vereinigung mit der Seele wird diese Form »latent«, und die Seele beherrscht als eigentliche Wesensform das Ganze. Die forma corporalis giebt zunächst dem Körper das Körpersein, die Seele dann das menschliche Sein, sie kompletiert und vollendet das Sein des Körpers (perfectio naturalis corporis);[3]) die Form des Körpers tritt zurück, ohne ganz aufzuhören, ihr Sein ist jetzt ein potentiales. Also zwei substantiale Formen in einer Substanz.[4])

12. Allerdings ist auch der Aquinate der Ansicht, dafs der menschliche Foetus bis zu einem bestimmten Grade entwickelt sein müsse, bevor ihm die intellektive Seele von Gott eingeschaffen werde. Allein diese Foetusform mit ihren vegetativen und sensitiven Thätigkeiten wird vernichtet, sobald die intellektive

---

[1]) Vgl. § 9. n. 14. — Et ideo, quamvis (anima) sit incorruptibilis, debet tamen tunc produci, quando facta est formatio corporis. II S. d. 18. a. 2. q. 2. — Organizatio, quae competit corpori humano, quae quidem est a virtute formativa, cum seminibus delata. II S. d. 8. p. I. q. 2. q. 1.

[2]) Vgl. § 9. n. 8.

[3]) In genito vero (humiditas), quia ex ea fabricatur totum corpus, est sicut totius corporis fundamentum, et tunc, quando anima unitur ei, incipit esse vere et proprie de veritate humanae naturae. II S. d. 30. a. 3. q. 1.

[4]) Wenn Schneid (die Körperlehre des Johannes Duns Scotus, S. 45) der Meinung ist, »es komme in der oben citierten Stelle nur die Lehre des Aristoteles zum Ausdruck, nach welcher die Natur immer das Höhere anstrebt und der Stoff fortwährend durch eine höhere Form verwirklicht zu werden strebt« — so entspricht das nicht dem Standpunkte Bonaventuras in dieser Frage; denn nach seiner Auffassung geht keine substantiale Form zu Grunde, sie tritt nur aus dem Zustande der Aktualität in den der Potentialität.

Seele als Wesensform in den Körper tritt; die Funktionen, die bis dahin von jener Form ausgeführt wurden, übernimmt jetzt die Seele als alleiniges Prinzip des Lebens.[1]) Also gerade bezüglich der Frage, ob die Körperform bei dem Eintritt der Seele in den Körper untergeht oder verbleibt, unterscheidet sich Thomas von Bonaventura, der, wie wir so eben nachgewiesen haben, in der Konsequenz seiner Lehre von den rationes seminales jene niedere forma corporis neben der Seele als Wesensform in untergeordneter Weise, aber realiter fortbestehen läfst.

13. Übrigens vertritt auch Bonaventuras Lehrer Alexander von Hales eine ganz ähnliche Ansicht bezüglich des Verhältnisses von Seele und Leib. »Die Menschenseele, so sagt er, ist wohl Form und Akt des ganzen Menschen, aber nicht seiner Teile. Weil nun die vernünftige Seele das Ganze, aber nicht die Teile formiert, darum kann sie nicht im eigentlichen Sinne actus materiae genannt werden, sondern ist nur Akt eines in seiner forma corporalis kompleten Körpers. Im Menschen kommt also zu dieser forma corporalis die Seele als zweite Form hinzu.« Diese Einigung von Leib und Seele nannte Alexander nach dem Vorgang des hl. Bernard *unio nativa*.[2])

---

[1]) Vgl. Q. de Pot. 3. a. 9.
[2]) Vgl. Schneid, die Körperlehre des Johannes Duns Scotus. S. 29.

III. Kapitel.
Natur der reinen Geister.

§ 14.

1. Die reinen Geister sind nach der Lehre des hl. Thomas reine Intelligenzen (intelligentiae, intelligentiae purae), in sich selbst subsistierende Formen (formae in se subsistentes, formae separatae), einfache Wesen. Gleichwohl ist ihr einfaches Wesen nicht auch ihr Wirklichsein, mit diesem nicht real identisch. Auch die reinen Geister sind in gewisser Beziehung zusammengesetzt, aber nicht wie die materiellen Substanzen aus Materie und Form, sondern aus Potenz und Akt. Sie sind, weil ohne Materie, von dieser nicht blofs unabhängig und frei, sondern sie haben auch ihrer Natur nach keine Bestimmung zur Materie. Deshalb kann bei ihnen auch nicht die Materie das individualisierende Prinzip sein, sondern nur die Form, weil sie eben reine Formen sind. Durch die Form wird die spezifische Verschiedenheit bewirkt; und deshalb fallen Spezifikation und Individuation bei den rein geistigen Wesen zusammen; jeder einzelne reine Geist bildet eine eigene Spezies. Mit andern Worten: Die spezifische Einheit und die numerische Einheit coincidieren vollends bei dem geistigen Wesen, weil die letzte Vollendung dieser Substanz mit der Form selbst gegeben ist, die in sich komplet ist.[1]

2. Der hl. Bonaventura ist ganz anderer Ansicht. Auch er fafst die reinen Geister als geistige Substanzen auf, aber als solche, die individuell von einander verschieden sind und als Individuen zu einer Spezies gehören. Indem er ferner die Individuation,

---

[1] Vgl. C. Gent. 52. 53. 54.

wie wir später nachweisen werden, ganz allgemein für alle Wesen in die Vereinigung von Materie und Form setzt, mufs er auch den reinen Geistern Form und Materie beilegen. Diese Lehre war nicht neu und rührt nicht erst von Bonaventura her. Schon der *liber de causis,* der für den hl. Lehrer eine grofse Autorität war, enthält am Schlusse des § 8 folgenden Passus: »Sowohl die Intelligenz hat das, was man helyatin nennt, denn sie ist Sein und Form, und die Seele hat es auch, und die (körperliche) Natur gleichfalls; die erste Ursache allein ist ohne helyatin, denn sie ist nur Sein.«[1]) Albert der Grofse giebt das Wort helyatin mit hyleachim wieder und leitet letzteres von ὕλη (Stoff) ab. Damit ist also gesagt, dafs in allen aufsergöttlichen Dingen, in den reinen Intelligenzen und in der Seele nicht minder als in den materiellen Substanzen, etwas Stoffliches sei. Auch Alexander von Hales vertritt diese Ansicht,[2]) wie überhaupt die meisten Gelehrten des Franziskanerordens.

3. Der seraphische Lehrer führt für seine Ansicht verschiedene Gründe an, ohne gerade sehr entschieden für dieselbe einzutreten, er nennt sie eine »positio verior«, sieht sie also nur als Hypothese an.[3]) Die Gründe, welche er für dieselbe anführt, sind natürlich ganz ähnliche wie die, womit er die Zusammensetzung der Seele aus Materie und Form zu beweisen sucht.

a) Zunächst beruft er sich darauf, dafs die rein geistigen Wesen individuell sich von einander unterscheiden und der gleichen Art angehören. Diese individuelle Bestimmtheit kann nicht in der Form allein begründet sein, denn diese vermittelt nur das spezifische Sein; also mufs aufser der Form noch die Materie supponiert

---

[1]) Et virtus quidem divina est supra omnem virtutem intelligibilem et animalem et naturalem, quoniam est causa omni virtuti. Et intelligentia quidem est habens helyatin, quoniam est esse et forma, et similiter anima est habens helyatin, et natura est habens helyatin. Et causae quidem primae non est helyatin, quoniam ipsa est esse tantum. Ausg. von Bardenhewer. Freib. 1882. S. 236 ff.

[2]) S. p. II. q. 20. m. 2. § 1. und q. 61. m. 1.

[3]) Angelus habilis est ad moveri ex parte ipsius quod est sive substantiae vel materiae, *si habet materiam,* sed ad movere ex parte formae sive ipsius quo est vel virtutis activae. I S. d. 37. p. II. a. 2. q. 1. — Sed multi negant, intelligentias habere materiam; sed *quidquid sit de hoc,* tamen aevum respicit esse actuale et esse stabile, sed tempus materiam ut in potentia. II S. d. 2. p. I. a. 1. q. 2.

werden. Aus der Vereinigung von Materie und Form resultiert das Individuum, also auch das rein geistige.[1]

b) Der reine Geist ist veränderlich, da er Subjekt verschiedener Accidenzen sein kann. Wo Veränderung, da mufs ein Prinzip der Veränderung sein, und das ist die Materie; also kann man sich den reinen Geist nicht ohne Materie denken.[2]

c) Der reine Geist erscheint als thätiges und leidendes Wesen. Diese verschiedenen Zustände setzen verschiedene Prinzipien voraus, ein aktives und ein passives. Dem aktiven Prinzip entspricht die Form, dem passiven die Materie.[3]

d) Auch eine logische Betrachtung führt zu demselben Ergebnis. Genus und differentia finden auch auf den Begriff des reinen Geistes Anwendung; durch sie wird die Definition gebildet, und eine solche giebt es auch vom reinen Geiste. Denn es kommt ihm etwas zu, was er mit andern geistigen Wesen gemein hat, und etwas anderes, wodurch er sich von andern geistigen Wesen unterscheidet. Diese doppelte Beziehung ist in seinem Wesen selbst begründet; demnach ist in demselben ein doppeltes Prinzip zu unterscheiden, ein potentielles und ein aktuelles, denn das Genus verhält sich zu der Differenz wie die Potenz zum Akt. Diesem Verhältnisse wiederum entspricht das von Materie und Form.[4]

4. So läfst der reine Geist eine verschiedene Zusammensetzung zu: aus Akt und Potenz, Essenz und Existenz (quo est und quod est), Substanz und Potenz, Form und Materie. Die Materie ist geistiger Art, da sie durch eine geistige Form determiniert wird.[5] Die innerste Proprietät der Materie, mit dieser also ohne weiteres gegeben, ist die Quantität. Auch diese schreibt der seraphische Lehrer den intellektuellen Substanzen zu,

---

[1] II S. d. 3. p. I. a. 1. q. 1.
[2] A. a. O.
[3] A. a. O.
[4] Angelus definitur et ita participat naturam generis et differentiae: naturam, in qua convenit cum aliis, et naturam, in qua differt. Ergo cum necesse sit, totam veritatem definitionis realiter inveniri in quolibet Angelo, necesse est in eo ponere naturarum diversitatem. Sed impossibile est, plures naturas concurrere ad constitutionem tertii, quin altera habeat rationem possibilis, altera rationem actualis, ergo necesse est etc. A. a. O.
[5] II S. d. 17. a. 1. q. 2.

aber nicht eine Quantität im eigentlichen Sinne, wie sie bei den körperlichen Substanzen vorkommt, eine quantitas *molis*, sondern eine solche im übertragenen Sinne, eine quantitas *virtutis*.[1])

5. Dafs es so viele Engel giebt, hat nicht etwa seinen Grund in der Materie, als dem Prinzip der Vielheit; das hat nur bei den durch Generation entstandenen Wesen seine Geltung, denn diese pflanzen sich weiter fort und vervielfältigen sich durch Teilung der Materie. Die Engel sind als viele unmittelbar von Gott geschaffen, und Gott hat so viele geschaffen, um dadurch seine Allmacht, Weisheit und Güte zu offenbaren. Diese letztere Rücksicht ist auch der Grund, warum er so viele menschliche Seelen ins Dasein setzt.[2])

6. Der reine Geist hat die gröfste Ähnlichkeit mit der menschlichen Seele; beide sind geistige Wesen, beide bestehen aus Materie und Form. Aber doch sind sie nicht dem Wesen nach gleich, sie gehören nicht derselben Spezies an, sie sind nicht blofs accidentell, sondern wesentlich von einander unterschieden. Es kommt ihnen beiden die Vernünftigkeit zu, aber jedem in anderer Weise; worin aber dieser Unterschied besteht, ist schwer zu sagen. Bonaventura drückt denselben so aus: Die Vernünftigkeit des reinen Geistes ist eine intellektuelle, die der menschlichen Seele eine rationelle im eigentlichen Sinne.[3]) Dieser Unterschied tritt am klarsten in der Erkenntnisweise der beiden geistigen Wesen hervor. Der reine Geist erkennt durch angeschaffene Ideen, die Seele entnimmt ihre Begriffe abstraktiv aus den Dingen,

---

[1]) Quantitas dicitur dupliciter, scilicet proprie et metaphorice: propria dicitur quantitas *molis*, et haec est in corporalibus; metaphorice quantitas *virtutis*, et haec est in spiritualibus. I S. d. 17. p II. q. 1.

[2]) Quod objicitur, quod diversitas secundum numerum venit ex divisione materiae, dicendum, quod falsum est. Sed multitudo per generationem venit ex divisione materiae, quia generans dat generato partem suae substantiae; diversitas autem Angelorum non est per multiplicationem unius ab altero, sed omnium Angelorum a Deo. Sed ratio potissima multiplicationis in hominibus et Angelis est divinae potentiae et sapientiae et bonitatis declaratio et collaudatio. II S. d. 3. p. I. a. 2. q. 1.

[3]) Dicendum, quod rationale, secundum quod est differentia animae et Angeli, differt. Nam rationale Angeli est *intellectuale*, sed rationale animae *proprie* est *rationale*. Ratio mea et ratio Angeli est alia et alia, non tantum secundum accidens, sed secundum speciem et essentiam. II S. d. 1. p. II. a. 3. q. 1.

ihre Erkenntnis ist eine erworbene; der reine Geist hat eine intuitive Erkenntnis, die Seele eine diskursive.[1]) Aber die Seele hat diese Erkenntnisweise nur so lange, als sie mit dem Leibe vereinigt ist; nach der Trennung hat sie eine ähnliche, wie der reine Geist.[2]) Noch in anderer Beziehung unterscheidet sich die menschliche Seele von dem reinen Geiste. Während sie das natürliche Streben hat, mit dem Leibe verbunden zu sein, so dafs ihr etwas an ihrer Vollkommenheit fehlt, wenn sie von diesem getrennt ist,[3]) hat der reine Geist diesen Trieb nicht und kann ihn nicht haben. Diese »aptitudo« der menschlichen Seele für den Leib gehört so sehr zu ihrer Natur, dafs sie sich auch dann geltend macht, wenn die Seele sich vom Leibe geschieden hat.[4])

7. Was wir oben von der menschlichen Seele gesagt haben, dafs bei ihr eine Unterscheidung von Materie und Form nicht zulässig sei, das müssen wir hier bezüglich des reinen Geistes wiederholen. Übrigens legt Bonaventura auf diese Unterscheidung in dem rein geistigen Wesen, worauf wir besonders hingewiesen haben, kein grofses Gewicht; aber an der numerischen Verschiedenheit der reinen Geister will er unter allen Umständen festhalten. Deshalb weist er auch die gegenteilige Ansicht, die der Aquinate vertritt, wonach jeder reine Geist als persönliches Wesen eine Species für sich allein bilden soll, auf das entschiedenste zurück, er bezeichnet sie geradezu als Vorurteil.[5])

[1]) Angelus habet intellectum deiformem; unde habet sibi species innatas et videt aspectu simplici. Sed anima habet intellectum potentialem sive collativum et inquisitivum, et hoc per naturam. II S. d. 1. p. II. a. 3. q. 2.

[2]) Anima separata modum intelligendi habet, quam habet Angelus, et anima Adae habuit species innatas, ut etiam Angelus. II S. d. 1. p. II. a. 3. q. 2.

[3]) Vgl. II S. d. 17. a. 1. q. 1.

[4]) Illud, quo anima est unibilis corpori, tale dicit quid essentiale respiciens, quod est nobilissimum in anima; et ita penes illud recte sumitur specifica differentia, secundum quam differt anima a natura angelica. Et differentia illa, quae est *esse unibile,* non dicit puram relationem, sed naturalem aptitudinem, quae inest animae secundum principia intrinseca, quae priora sunt anima per naturam sicut rationale respectu hominis. — Dicendum est, quod esse unibile adhaeret inseparabiliter, quia aptitudo semper inest, quamvis non semper insit actus. II S. d. 1. p. II. a. 3. q. 2.

[5]) Quidam dixerunt, quod in Angelis est discretio personalis, sed nunquam pure, immo sunt ibi tot species quot individua. Sed licet hoc aliquam

8. Thomas wurde nach seinem Tode gerade wegen dieser Lehre von der Pariser Universität (allerdings aus unlautern Motiven) verurteilt, ohne dafs freilich sein Name genannt wurde. Dadurch wurde Albert der Grofse, der ursprünglich hierin mit seinem Schüler übereinstimmte, dazu bestimmt, seine Meinung zu ändern und sich für die numerische Verschiedenheit der reinen Geister zu entscheiden.[1]) Übrigens war diese Ansicht damals die sententia communis.

9. Nach der Lehre des hl. Bonaventura unterscheiden sich also die Engel von einander wie die Menschen. Sie gehören alle derselben Art an; ihr Unterschied gründet in der besonderen Individualität der einzelnen, in ihrer individuellen Wesenheit. Dieser Unterschied tritt aber in den verschiedenen Qualitäten hervor, gerade so wie bei den Menschen. Wie letztere nicht blofs in Bezug auf ihr Äufseres, sondern auch bezüglich ihrer geistigen Anlagen und Fähigkeiten eine grofse Verschiedenheit zeigen, so auch die Engel, wenngleich bei ihnen die Verschiedenheit nicht so grofs ist wie bei den Menschen.[2])

10. Wenn nun auch die Unterscheidung von Materie und Form in den rein geistigen Wesen im Sinne des hl. Bonaventura nicht haltbar ist, so werden wir doch die numerische Verschiedenheit derselben festhalten können. Freilich dürfen wir dann nicht mit dem Aquinaten die Materie als Individuationsprinzip

---

probabilitatem habeat in corporibus, non tamen videtur rationabile in spiritibus, ut nullus communicet cum alio in natura speciali. Sicut enim innotescit per Scripturam, multi Angeli ad idem officium ordinantur et communem videntur habere operationem eandem. Nobis autem nec per Scripturam nec per dicta Sanctorum nec per officia innotescit tanta diversitas, ideo non videtur nisi *praesumtio* hoc dicere, maxime cum non appareat in promtu aliqua ratio cogens. II S. d. 3. p. I. a. 2. q. 1.

[1]) Vgl. v. Hertling, Albertus Magnus, Beiträge zu seiner Würdigung, Köln 1880. S. 105 ff.

[2]) Ratio distinctionis personalis, quantum ad *veritatem* venit ex principiis constituentibus et particulantibus, quantum ad *notitiam*, venit ex qualitatibus, quorum utrumque est in Angelis reperire secundum diversitatem; diversa enim habent principia individuantia et diversas proprietates innatas. Sicut enim homines diversas habent facies, sic diversas habent mentes et proprietates mentales; ita intelligendum est in Angelis suo modo. II S. d. 3. p. I. a. 1. q. 1. Angelus non potest esse medium, quia, quamvis in Angelo non sit tanta naturarum diversitas, quanta in homine, nihilominus aliqua est. A. a. O.

aufstellen; denn unter dieser Voraussetzung kann man von numerischer Einheit nur bei den Wesen sprechen, die selbst materiell sind oder mit der Materie in Verbindung stehen wie die menschliche Seele. Legen wir aber den individuierenden Grund in die Totalität der Substanz,[1]) dann ist nicht einzusehen, warum nicht auch unstoffliche Wesen derselben Spezies sollten vervielfältigt werden können. Eine Wesenheit, bei der die Existenz von aufsen durch eine Ursache hervorgebracht werden mufs (das trifft doch bei den reinen Geistern zu), kann von dieser Ursache sovielmal existierend gesetzt werden, als es dieser beliebt. Man kann nicht einwenden, dafs solche Einzelwesen, welche ganz allein durch die Realität ihrer Natur unterschieden seien, thatsächlich doch nicht unterschieden, also identisch seien, und dafs sie deshalb auch nicht als verschiedene erkannt werden könnten. Allerdings sind solche Wesenheiten logisch ganz identisch, und es dürfte uns schwer fallen, sie zu unterscheiden, weil wir die Einzeldinge als solche nur auf Grund ihrer Qualitäten erkennen, wie auch der doctor seraphicus lehrt; wer aber die Dinge erkennt, wie sie sind, unterscheidet dieselben auch ohne ein besonderes Abzeichen, nur auf Grund ihrer verschiedenen individuellen Wesenheit.

---

[1]) S. den folgenden §.

IV. Kapitel.
§ 15.
Das Prinzip der Individuation.

1. Die Frage nach dem Individuationsprinzip gehört zu den schwierigsten der ganzen Philosophie. Sie hat ihren Ursprung im aristotelischen System,[1]) oder wenn man will, noch darüber hinaus, in der attischen Philosophie; der Name und die schulgemäfse Fassung derselben sind mittelalterlich. Die Scholastik unterscheidet zwischen dem äufseren und inneren Individuationsprinzip. Ersteres ist die wirkende Ursache, welche die Wesenheit im Individuum verwirklicht, letzteres dagegen ist das formale, dem Dinge selbst immanente Prinzip, wodurch die Individuation der Wesenheit bedingt und begründet ist. Bei der Frage nach dem Individuationsprinzip kommt dieses nur als inneres, nicht als äufseres in Betracht, was auch der hl. Bonaventura besonders hervorhebt: »Dicendum, quod quamvis Richardus (lib. IV de Trin. c. 14) dicat, quod personae in hominibus distinguantur origine, tamen hoc non habent ratione principii.«[2])

2. In einem dreifachen Sinne kann man von der Individuation sprechen. *Metaphysisch* betrachtet, bezeichnet sie den untersten Grad in der Gliederung jeglicher Kategorie, während das oberste, universalste Genus derselben Kategorie den ersten Grad bezeichnet. In diesem Sinne ist die Individuation die letzte individuelle Differenz, durch welche die Spezies zum Individuum kontrahiert

---

[1]) Ὅτι δὲ εἰς οὐρανός, φανερόν. εἰ γὰρ πλείους οὐρανοὶ ὥσπερ ἄνθρωποι, ἔσται εἴδει μία ἡ περὶ ἕκαστον ἀρχή, ἀριθμῷ δέ γε πολλαί. ἀλλ' ὅσα ἀριθμῷ πολλά, ὕλην ἔχει. εἰς γὰρ λόγος καὶ ὁ αὐτὸς πολλῶν, οἷον ἀνθρώπου, Σωκράτης δὲ εἰς. τὸ δὲ τί ἦν εἶναι οὐκ ἔχει ὕλην τὸ πρῶτον ἐντελέχεια γάρ. Met. 1074 a 33. — Vgl. Met. 1034 a. 5.

[2]) II S. d. 3. p. 1 a. 2. q. 1.

wird. Im logischen Sinne drückt die Individuation die Fähigkeit aus, Subjekt jeglicher Prädikation zu sein; denn alles, was prädiziert wird, wird schliefslich vom Individuum, dieses aber nur von sich selbst prädiziert. Im physischen Sinne endlich ist die Individuation die Einheit der Zahl nach, wodurch ein Ding so eins ist, dafs es ungeteilt in sich selbst und getrennt von jedem andern erscheint. Es kommen hier also zwei Momente in Betracht, die Bonaventura ausdrücklich auseinander hält. Durch das erste wird die Individuation als solche gekennzeichnet; sie resultiert nämlich aus der gegenseitigen Verbindung der beiden Wesensprinzipien und hat gerade dadurch die Singularität und Unmitteilbarkeit zur Folge. Aber als ungeteilt in sich, ist das Individuum zugleich unterschieden von allen andern Einzelwesen derselben Art. Das ist die distinctio, die zugleich auf die Trennung und Vielheit hinweist und in dieser Beziehung Prinzip der Zahl ist. Die Zahl ist also nicht ohne weiteres mit der individuellen Substanz gegeben, sie ist nicht etwas Substantielles, wohl aber etwas, das sich unmittelbar aus der Substanz ergiebt, eine Proprietät derselben.[1])

3. Die logische Betrachtung hat die metaphysische zur Voraussetzung; denn das Individuum ist aus dem Grunde letztes Subjekt der Prädikation, weil es als erste Substanz Träger aller wesentlichen und accidentellen Bestimmungen ist. Metaphysische und physische Individuation verhalten sich so, dafs jene durch diese verwirklicht ist. Letzere kommt durch die Vereinigung von Materie und Form zustande. Diese Vereinigung ist eine unmittelbare, ohne dafs sonst eine andere Realität oder Form hinzutritt,

---

[1]) Distinctio individualis duo dicit, scilicet individuationem et consequenter distinctionem. Individuatio autem est ex principiorum indivisione et appropriatione; ipsa enim rei principia, dum conjunguntur, invicem se appropriant et faciunt individuum. Sed ad hoc consequitur esse discretum sive distinctum ab alio, et surgit ex hoc numerus et ita accidentalis proprietas consequens ad substantiam. Et sic individualis discretio dicit aliquid accidentale et aliquid substantiale. II S. d. 3. p. I. a. 2. q. 2. — Quod objicitur de *numero*, dicendum, quod sicut unitatem substantialem consequitur unitas accidentalis inseparabiliter, quae non est principium indivisionis, sed consequens ad illam, sic diversitatam substantialem consequitur numerus inseparabiliter; tamen secundum rem et naturam distinctio illa est a substantiali principio, non accidentali. A. a. O.

welche die Vereinigung vollbringt,[1]) sie findet bei allen Dingen auf gleiche Weise statt. Nun ist die Frage, von welchem Prinzip das aus Materie und Form gebildete Kompositum seine individuelle Gestaltung und Unterscheidung bekommt. Das ist die philosophische Frage nach dem Individuationsprinzip. Es handelt sich also um den Grund, weshalb die Dinge in der Weise individualisiert sind, dafs Individuen von derselben wesentlichen Beschaffenheit neben einander bestehen oder bestehen können — um den Grund der numerischen Einheit.

4. Liegt dieser Grund vielleicht in jenen Accidenzen, die wir bei der Erkenntnis der Einzeldinge zu Hülfe nehmen, um sie von einander zu unterscheiden, und welche die Logik als notae individuantes bezeichnet, zu welchen hauptsächlich Raum und Zeit zu zählen sind? Das behaupten die Formalisten. Thatsächlich kennzeichnet sich jede Einzelnatur durch eigene Accidenzen; dafs diese aber das Einzelwesen nicht konstituieren können, geht schon daraus hervor, dafs man sich unendlich viele Individuen von ganz gleichen Accidenzen denken kann.[2]) Zudem setzen die Accidenzen schon eine singuläre Substanz voraus, der sie inhärieren können; folglich kann diese Singularität nicht erst durch die Accidenzen bewirkt werden.[3]) Bonaventura unterscheidet daher ganz richtig zwischen dem Erkenntnisgrund und Seinsgrund. »Dicendum, so sagt er, quod Richardus loquitur de distinctione personali quantum ad nostram cognitionem; et quia cognitio nostra est per accidentales qualitates, dixit, personas creatas distingui qualitate. Et per hunc modum intelligitur verbum Porphyrii, qui dixit, individuum constare ex collectione proprietatum; loquitur enim secundum *rationem* et *cognitionem*, non secundum *rem*.[4])

[1]) Sicut materia incompleta est de se, ita unitatem secundum se habet incompletam, possibilem tamen, quantum ad esse, compleri per formam, cujus adventu constituitur individuum numero unum unitate actuali et completa, ex cujus etiam adventu fit distinctio. II S. d. 3. p. 1. a. 1. q. 3.

[2]) Solus intellectus comprehendit intrinseca principia Petri et Platonis, et circumscriptis omnibus accidentibus, dicit, eos esse discretos et distinctos. II S. d. 3. p. 1. a. 2. q. 2.

[3]) Omne accidens consequitur individuitatem essentiae, et tam in rationali quam in irrationali hoc habet veritatem, ergo prius per naturam est aliquid individuum substantiae rationalis, quam habet accidens. II S. d. 3. p. 1. a. 2. q. 2.

[4]) A. a. O. Vgl. III S. d. 10. a. 1. q. 3.: Et dicendum, quod circum-

5. Da die Individuen sich der Substanz nach von einander unterscheiden, so mufs der Grund der Individuation in der Substanz selbst liegen.¹) Diese besteht aus den beiden Wesensprinzipien, Form und Materie; und so könnte jedes derselben als individuierender Grund angesehen werden. Der hl. Bonaventura erwähnt auch beider Annahmen, aber nur, um sie als unhaltbar zurückzuweisen. Die Materie, so argumentiert er, kann das Prinzip der Individuation nicht sein, denn sie ist etwas Unbestimmtes und insofern gegen jede Gestaltung indifferent. Wie kann aber etwas, das bestimmungslos ist, Prinzip eines bestimmten, in sich abgeschlossenen Wesens sein??²) Man darf sich dabei nicht auf Aristoteles berufen; dieser bezeichnet die materia nicht einfach als principium individuationis, sondern als causa sine qua non, als Mitursache und nicht als alleinige Ursache der Individuation.³) Freilich stellt auch der Aquinate die Materie als Individuationsprinzip auf, aber nicht die materia communis, sondern die *materia quantitate signata*, d. h. die durch die Quantität bestimmte Materie; jedoch läfst er dieses Prinzip nur für die Wesen gelten, die mit Materie behaftet sind.⁴) Bei den rein intellektuellen Wesen

scriptis accidentibus et proprietatibus, quae individuationem non *faciunt*, sed *ostendunt*, individuatio est a principiis intrinsecis.

¹) Nec potest habere veritatem, quod distinctio individualis sit ab accidentibus, cum individua differant secundum substantiam, non solum secundum accidens. A. a. O.

²) Quomodo materia, quae omnibus est communis, erit principale principium et causa distinctionis, valde difficile est videre. II S. d. 3. p. I. a. 2. q. 2.

³) Per illas auctoritates non datur intelligi, quod materia sit principium individuationis, nisi sicut causa sine qua non, non autem sicut tota causa. II. S. d. 3. p. I. a. 2. q. 3. Wie aus der Objektion, welche die eben angeführte Stelle zu widerlegen sucht, hervorgeht, ist unter den »Autoritäten« Aristoteles gemeint. Die hierher gehörige Stelle lautet: Ἀλλὰ ἱκανὸν τὸ γεννῶν ποιῆσαι καὶ τοῦ εἴδους αἴτιον εἶναι ἐν τῇ ὕλῃ. τὸ δ' ἅπαν ἤδη τὸ τοιόνδε εἶδος ἐν ταῖςδε ταῖς σαρξὶ καὶ ὀστοῖς Καλλίας καὶ Σωκράτης. καὶ ἕτερον μὲν διὰ τὴν ὕλην ἑτέρα γάρ, ταὐτὸ δὲ τῷ εἴδει· ἄτομον γὰρ τὸ εἶδος. Met. Z 1034 a. 4.

⁴) Dafs dieses die Ansicht des hl. Thomas ist, hat neuerdings Dr. Glossner in einer gröfseren Abhandlung: »Die Lehre des hl. Thomas und seiner Schule vom Prinzip der Individuation« (Commers Jahrbuch für Philosophie und spekulative Theologie, I. Jahrgang, S. 40 ff.) auf das klarste nachgewiesen. Diese Abhandlung ist auch als selbständiges Buch erschienen, Paderborn 1887.

hat die Individuation in der Form ihren Grund, weil sie eben reine Formen sind. Auch diese Theorie hat unserer Meinung nach manches gegen sich. Wie kann das principium individuationis noch als substantiales festgehalten werden, wenn die Quantität das Differenzierende sein soll? Freilich soll damit nicht gesagt sein, dafs die Quantität als solche der individuierende Grund sei, sondern vielmehr die Materie in ihrer Beziehung zur Quantität. Allein auch unter dieser Voraussetzung liegt der Schwerpunkt in der Quantität; denn nicht die Materie für sich bringt die Individuation zustande, sondern nur insofern sie durch die Quantität determiniert ist. Dann geht aber die Individuation von einem Accidens aus. Dieser Konsequenz kann man auch nicht dadurch entgehen, dafs man behauptet, es handele sich nicht um die aktuelle Quantität der Materie, sondern um die wesentliche Tauglichkeit und Empfänglichkeit derselben für die Quantität (materia in aptitudine sive ordine ad quantitatem). Denn auch in diesem Sinne aufgefafst, steht die Materie in der innigsten Beziehung zur Quantität und in Abhängigkeit von ihr; sie erhält von dieser in gewisser Weise ihre Bestimmtheit. Wenn ihr diese fehlte, könnte sie nicht determinierendes Prinzip sein; sie ist es eben nur durch die Quantität.

6. Auch die Form allein kann nach der Ansicht des seraphischen Lehrers ebenso wenig als die Materie für sich die Wesenheit individuieren. Die Form ist nämlich an und für sich allgemein, und deshalb kann sie nicht Prinzip der Individualität sein.[1]) Aber wäre nicht vielleicht eine individuelle Form, die zur spezifischen hinzuträte, imstande, dem Wesen ein individuelles Sein zu geben? Gewifs, antwortet Duns Scotus; der Grund für die Individuation mufs etwas Positives und Reales sein, etwas solches, das die allgemeine Form und Natur zur individuellen bestimmt.[2]) Dieses positive Element ist aber nichts anderes als

---

[1]) Rursus quomodo forma sit tota et praecipua causa numeralis distinctionis, valde difficile est capere, cum omnis forma creata, quantum est de sui natura, nota sit habere aliam similem. Vel quomodo dicemus, duos ignes differre formaliter, vel etiam alia, quae plurificantur et numero distinguuntur ex sola divisione continui, ubi nullius est novae formae inductio? II S. d. 3. p. I. a. 2. q

[2]) Utrum substantia materialis sit individua per aliquam entitatem positivam per se determinantem naturam ad singularitatem. In II S. d. 3. q. 6.

die individuelle Differenz, welche die Spezies zum Individuum, den homo zum Socrates determiniert. Sie kommt als individuelle Form zur spezifischen hinzu und giebt ihr eine weitere singuläre Bestimmung. Die skotistische Schule bezeichnet diese individuelle Differenz und Form mit »haecceitas«. Der hl. Bonaventura verwirft auch diese Erklärung, indem er ganz bestimmt bemerkt: »Individuum non addit aliam formam, quae est individualis de se«.[1]) Und er hat recht, denn durch eine solche Auffassung wird die Zusammensetzung und Entwickelung des Begriffs auf die Dinge selbst übertragen, das Universale wird als objektiv real betrachtet, das durch die Individualwesenheit zum Individuum kontrahiert wird.

7. Also weder die Materie noch die Form kann das Prinzip der Individuation sein. Wo haben wir dann aber dasselbe zu suchen? Bonaventura antwortet: »Tertia positio satis planior, quod individuatio consurgit ex actuali conjunctione materiae cum forma, ex qua conjunctione unum sibi appropriat alterum; sicut patet, cum impressio vel expressio fit multorum sigillorum in cera, quae prius erat una, nec sigilla plurificari possunt sine cera, nec cera numeratur, nisi quia fiunt in ea diversa sigilla. Si tamen quaeras, a quo veniat principaliter, dicendum, quod individuum est »hoc aliquid«. Quod sit hoc, principalius habet a materia, ratione cujus forma habet positionem in loco et tempore; quod sit aliquid, habet a forma. Individuum enim habet esse, habet etiam existere. Existere dat materia formae, sed essendi actum dat forma materiae.[2]) Das Individuum resultiert also aus der Verbindung der Form mit der Materie. Aber in welcher Weise?

8. Wenn wir über ein Ding reflektieren, erkennen wir zunächst die allgemeine (spezifische) Wesenheit desselben, das, worin das Ding mit andern Dingen derselben Art übereinstimmt. Wenn wir aber weiter diese Dinge, die zu derselben Art gehören, mit einander vergleichen, so kommt uns sofort zum Bewufstsein, dafs

---

[1]) II S. d. 3. p. I. a. 2. q. 3. — Vgl. II S. d. 18. a. 1. q. 3.: Forma universalis non est aliud quam forma totius, quae cum de se nata sit esse in multis, universalis est; particularizatur autem non per additionem alterius formae sed per conjunctionem sui cum materia, ex qua conjunctione materia appropriat sibi formam et forma materiam.

[2]) II S. d. 3. p. I. a. 2. q. 3.

jedes Ding als dieses bestimmte und einzelne sich von den andern unterscheidet, dafs also in jedem Dinge etwas sein mufs, was den Unterschied begründet. Zwar wird uns dieser individuelle Unterschied zunächst erkennbar in den Accidenzen; aber wir sehen leicht ein, dafs diese bestimmten Accidenzen des Dinges, die, weil eben Accidenzen, einem Wesen inhärieren müssen, auf ein ganz bestimmtes Wesen hinweisen und dasselbe voraussetzen; dafs also dem Einzeldinge, abgesehen von jener spezifischen Wesenheit, die ihm mit den andern Dingen derselben Art gemeinsam ist, noch eine besondere Wesenheit, wodurch es in seinem individuellen Sein konstituiert wird, zukommen mufs; oder genauer ausgedrückt, dafs zu jener allgemeinen spezifischen Wesenheit etwas hinzutreten mufs, wodurch sie auf dieses bestimmte Wesen eingeschränkt wird und reale Existenz erlangt. Denn die Universalien existieren nicht realiter, sondern nur in den Einzeldingen. Das ist auch die Ansicht Bonaventuras. Er fafst das principium individuationis als etwas Positives auf, das zur substantialen Natur, die in ihrer Art komplet ist, hinzutritt und sie in letzter Instanz kompletiert, indem es dieselbe zum ganz bestimmten individuellen Sein gestaltet.[1]) Nach seinen eigenen Worten ist die spezifische Differenz eine *additio complens,* das principium individuationis ein *additum contrahens.*[2]) Dieses additum contrahens ist also eine *metaphysische* Realität und unterscheidet sich als solche von der spezifischen Wesenheit, die wir zunächst in den Dingen erfassen; aber *physisch* betrachtet, ist dasselbe nichts anderes als Form und Materie in ihrer Vereinigung, insofern diese erst durch die Vereinigung ihr Sein erhalten. Jene Realität resultiert demnach unmittelbar aus dem Kompositum, da gerade die Form, die an und für sich eine spezifische ist, durch ihre Aufnahme in die Materie, die an und für sich indeterminiert ist, einerseits selbst ihre indi-

---

[1]) Universale plurificatur, ita quod vere numeratur propter veram additionem, per quam contrahitur ad individuum. I S. d. 25. a. 2. q. 1.

[2]) In creaturis specificatio per *additionem complentem* est, individuatio per *additionem sive appositionem contrahentem.* Et ideo cum dicitur substantia individua, individuum *realiter* addit supra substantiam, ut et substantia individua supra naturam. - Unde hoc nomen individua coarctat illam indifferentiam illius nominis (substantia), ut stet pro substantia prima. I S. d. 25. a. 1. q. 2.

viduelle Existenz erlangt und andererseits die Materie in der Weise abgrenzt, dafs sie als diese bestimmte erscheint.¹) Bonaventura läfst sich darüber also vernehmen: »In creatura est differentia ab *originali principio*. Haec autem non est forma in se, quia dicit quid communicabile, nec materia in se, quia dicit quid indistinctum, ergo hoc facit forma, ut adveniens materiae. Quia enim adveniens materiae accipit partem, non totam materiam, hinc est, quod ipsam distinguit et ipsam distinguendo trahitur in partem et limitatur et fit hic et nunc et unum numero et particulare.«²) Und zur Veranschaulichung des eben Gesagten bedient er sich des oben erwähnten Beispiels vom Wachs und Siegel. So lange eine Wachsscheibe und ein Siegel in keiner Beziehung zu einander stehen, sondern jedes für sich allein existiert, können die intendierten Abdrücke nicht zum Vorschein kommen. Zwar sind sie formaliter im Siegel enthalten, aber sie können nicht wirklich werden, weil ihnen das Wachs als Unterlage fehlt; das Wachs ist an sich leer und deshalb ohne alle Bestimmtheit, aber fähig, die Abdrücke des Siegels in sich aufzunehmen. Erst wenn Siegel und Wachs mit einander verbunden werden, erhalten die Siegelabdrücke Existenz, und das unbestimmte Wachs, durch diese numerisch geteilt, zeigt in diesen Teilen das bestimmte Gepräge des Siegels.³) In gleicher Weise bedarf es der Vereinigung von Materie und Form und der sich daraus ergebenden Kontraktion der Wesenheit, damit diese individuell wird und Existenz erhält.

9. Die Materie verleiht die Existenz; die Form hat nur in der Materie ihr individuelles Dasein; deshalb spielt die Materie bei der Individuation die Hauptrolle.⁴) Sie ist dann aber als diese bestimmte zu fassen, insofern sie Subjekt der Form ist; als solche macht sie, dafs die spezifische Natur Existenz erhält, nicht als Spezies, sondern als Individuum. Deshalb führt Bonaventura auch

¹) Existere dat materia formae, sed essendi actum dat forma materiae. II S. d. 3. p. I. a. 2. q. 3.
²) I S. d. 19. p. II. q. 2.
³) II S. d. 3. p. I. a. 2. q, 3. Vgl. oben n. 7.
⁴) Si tamen quaeras, a quo veniat principaliter, dicendum, quod individuum est *»hoc aliquid«*. Quod sit *hoc*, principalius habet a *materia*, ratione cujus forma habet positionem in loco et tempore; quod sit *aliquid*, habet a *forma*. Existere dat materia formae. A. a. O.

die Zahl ohne weiteres auf die Materie zurück. »Omnis distinctio secundum *numerum*, so erklärt er, venit a principio intrinseco et substantiali (vgl. oben n. 2), quia omnibus accidentibus circumscriptis differentia numero sunt diversa; sed non venit a forma, ergo venit a principio materiali.«[1])

10. Auch seine Erkenntnistheorie supponiert die Materie als Hauptfaktor bei dem Individuationsvorgange. Bonaventura lehrt nämlich, dafs die Körper nur dadurch erkennbar und intelligibel werden, dafs der Verstand in der Abstraktion alles Sinnliche und Materielle abstreift, gewissermafsen die Natur und Wesenheit von den materiellen Banden befreit und des Sinnlichen entkleidet. Auf diese Weise wird die körperliche Substanz immateriell und übersinnlich und dadurch befähigt, in den immateriellen Verstand aufgenommen zu werden. Wenn aber das Universale dadurch entsteht, dafs der Verstand von allem Materiellen absieht, dann mufs es hauptsächlich die Materie sein, welche das Allgemeine zum Individuum einengt und es allen Wandelbarkeiten von Zeit und Raum unterwirft.[2])

11. Diese Lehre Bonaventuras von dem Individuationsprinzip hat Ähnlichkeit mit der des Duns Scotus;[3]) aber während dieser die individuelle Form (haecceitas) von aufsen zur spezifischen hinzukommen läfst, fafst der doctor seraphicus das positive Element, welche die spezifische Wesenheit zum individuellen Sein kontrahirt, in der Weise auf, dafs es aus der Verbindung von

---

[1]) II S. d. p. I. a. q. 3. Vgl. oben n. 7.

[2]) Ad illud, quod objicitur de immaterialitate intellectus, dicendum, quod hoc, quod non cognoscat singularia, non tantum venit ex immaterialitate, immo *materialitate conjuncti* et immaterialitate sui. Quoniam enim conjungitur corpori, ideo habet potentias, secundum quas dependet a corpore quantum ad operationem, et per quas intellectus, quamdiu est in corpore, exit ad exteriora, quia illae sunt mediae, scilicet sensus particularis et imaginatio. Quoniam ergo singulare non pervenit ad intellectum, nisi per istas potentias et ascensus per has est secundum abstractionem et purificationem, et abstractio facit de singulari universale; ideo non potest singulare cognoscere ut intellectus, nisi sit intellectus separatus vel divinus. I S. d. 39. a. 1. q. 2. — Vgl. Thomas, de ente et essentia c. 4.; Glossner, a. a. O. S. 66 ff.; Schneid, a. a. O. S. 125.

[3]) Auch andere neuere Scholastiker, zu denen Fonseca (In Metaph. Arist. l. 5. c. 6. q. 1. s. 5) und Maurus (Quaest. phil. vol. 1. q. 32) gehören, erklären die Individualität daraus, dafs die Dinge aufser dem, was der Art wesentlich ist, eine Realität, die jedem einzeln als solchem eignet, besitzen.

Materie und Form resultiert. So ist der Grund der Individuation in der Substanz gelegen, wie es auch nicht anders sein kann. Aber auch der Thomistischen Auffassung nähert sich die des heil. Bonaventura, da sie ein ganz besonderes Gewicht auf die Materie legt, diese jedoch unmittelbar durch die Verbindung mit der substantialen Form determiniert sein läfst. So erscheint die »materia signata« im Sinne Bonaventuras nicht als ein Accidens, sondern als etwas Substantiales.[1])

12. Wenn nun auch der seraphische Lehrer auf solche Weise jene Einseitigkeiten vermeidet, die bei den andern Theorieen hervortreten, so sind damit noch nicht alle Schwierigkeiten, die diese Frage bietet, überwunden. Es ist zunächst schwer zu sagen, wie wir uns jene von der metaphysischen Wesenheit verschiedene Realität, die das individuelle Wesen als solches bestimmt, des nähern zu denken haben. Deshalb dürfte die Ansicht des Suarez, nach welcher das Individuationsprinzip der actus existentiae selbst ist, immerhin noch in Betracht zu ziehen sein. Schon dadurch, dafs die Wesenheit existiere, sei sie individuell und von allen andern unterschieden. Diese Ansicht ist auch von sehr vielen Philosophen der neueren Zeit, die sonst auf dem Standpunkt der Scholastik stehen, recipiert worden, z. B. von Gutberlet,[2]) Hagemann[3]) u. a. Ungefähr dasselbe lehren schon Heinrich von Gent und Wilhelm Durandus, welche die Individualität in die Wirklichkeit der Existenz setzen. Also individuell wird nach ihrer Ansicht etwas dadurch, dafs es ins Dasein tritt, die Individualität fügt zur Wesenheit nichts hinzu.[1])

13. Die Frage nach dem Individuationsprinzip wurde das ganze Mittelalter hindurch besonders lebhaft erörtert. In neuerer Zeit

---

[1]) Proprietas autem *individualis*, etsi videatur dicere proprietatem consequentem esse, sicut accidens, realiter tamen non dicit nisi appropriationem principiorum per indivisionem. II S. d. 3. p. I. a. 2. q. 2.

[2]) Metaphysik, Münster. 1880. S. 18.

[3]) Metaphysik, Freiburg. 3. Auflage, 1875. S. 24.

[1]) Vgl. Schneid, Aristoteles in der Scholastik, Eichstätt, 1875. S. 128. — Stoeckl (Metaphysik, 6. Auflage. 1887. S. 15) bezeichnet die Ansicht des Suarez wenigstens als probabel; Kleutgen (Philosophie der Vorzeit, II B. n. 891 ff.) begünstigt sie; Pesch (Welträtsel. II B. S. 459 u. 639) dagegen und besonders Glossner (Die Lehre des hl. Thomas und seiner Schule von dem Individuationsprinzip) und Plassmann (Metaphysik, S. 440 ff.) treten ganz entschieden für die Thomistische Ansicht ein.

ist dieselbe aus den philosophischen Werken entweder ganz verschwunden oder wird nur nebenbei behandelt. Daraus folgt aber nicht, dafs sie ohne alle Bedeutung ist; sie steht mit den erkenntnistheoretischen und ontologischen Grundfragen im innigsten Zusammenhange. Da es sich hierbei um ein Problem der schwierigsten Art handelt, zu dessen Lösung ein nicht gewöhnliches Mafs von Geistesschärfe erforderlich ist, so ist das ein neuer Beweis, dafs man sich im Mittelalter an jede Frage gewagt und durch keine Schwierigkeit hat zurückschrecken lassen. Auch der hl. Bonaventura schenkt derselben, wie wir nachgewiesen haben, eine ganz besondere Aufmerksamkeit.

Schlufs.

§ 16.

Unsere Auseinandersetzung hat gezeigt, dafs der hl. Bonaventura in den erörterten Fragen ganz auf dem Boden der Scholastik steht. Seine Lehre von der Natur der körperlichen Wesen stimmt mit der des hl. Thomas von Aquin genau überein; anders verhält es sich freilich mit der Materie bei den rein geistigen Wesen. In diesem Punkte und in einigen andern, welche die rationes seminales, das Individuationsprinzip und die Pluralität substantialer Formen in einem Wesen betreffen, weicht der doctor seraphicus allerdings von dem Aquinaten ab. Diese abweichenden Ansichten erklären sich zum Teil daraus, dafs er mehr als Thomas von Aquin platonische Ideen verwertet und sich enger als dieser an den hl. Augustinus anschliefst. Damit hat sich aber Bonaventura von der scholastischen Lehre nicht entfernt. Der hl. Thomas ist wohl der Repräsentant und der Hauptvertreter der ganzen Scholastik; »denn bei ihm finden sich die gemeinsamen Lehren vollständiger, gesichtet und vervollkommnet und in der besten Form und Darstellung«;[1] aber doch ist sein System nicht das ausschliefslich scholastische, in einzelnen Punkten, die gerade die Naturphilosophie betreffen, ist dasselbe schon modifiziert worden und bedarf wirklich der Verbesserung. Dahin möchten wir auch die Frage über das Verhalten der Elemente in den Mischungen rechnen. Freilich seine allgemeinen Prinzipien müssen für alle mafsgebend sein, die als Scholastiker gelten wollen; jene werden aber auch von Bonaventura vertreten. Auf dem Gebiete der Naturphilosophie gehört vor allem hierher die Lehre von Materie und Form, für die der seraphische Lehrer mit aller Entschiedenheit eintritt.

[1] Vgl. Schneid, Philosophie des hl. Thomas von Aquin, Würzburg 1881, S. 35.